Günter von Hummel

,teetrunken'

Essays zum dreiteilig
einigen Menschen

Das Umschlagsbild zeigt den Machapuchare, einen Fast-Achttausender im Himalaya. Diesen Berg habe ich natürlich nicht bestiegen, aber ich bin ihm entgegengewandert und diese Tour war eine der eindrucksvollsten, die auch am meisten zu den meditativ-psychologischen Betrachtungen dieses Buches anregte. Auf der zweiten Seite jedes Kapitels zeige ich ein Bild des entsprechenden Titels.

© 2025 Günter von Hummel
Verlag: BoD · Books on Demand GmbH,
In de Tarpen 42, 22848 Norderstedt, bod@bod.de
Druck: Libri Plureos GmbH, Friedensallee 273,
22763 Hamburg
ISBN: 978-3-7347-7334-1
Lektorat S. Möckel und T. Heydecker

Inhaltsverzeichnis

Vorwort

Mein Lehranalytiker O. Graf Wittgenstein, bei dem ich den wichtigen, praktischen Teil meiner psychoanalytischen Ausbildung erhielt, hat ein Buch geschrieben: „sagen, hören, sehen" mit dem Untertitel „Vom dreiteilig-einigen Menschen".[1] Darin benutzte er Mythen und Märchen sowie philosophische und psychoanalytische Formen der Betrachtung, um ein letztlich – wie er es nannte – ‚trialogisches' (dreiergesprächiges) Ziel zu formulieren. Das untenstehende Bild aus seinem Buch zeigt dies vorerst einmal in der Übersicht.

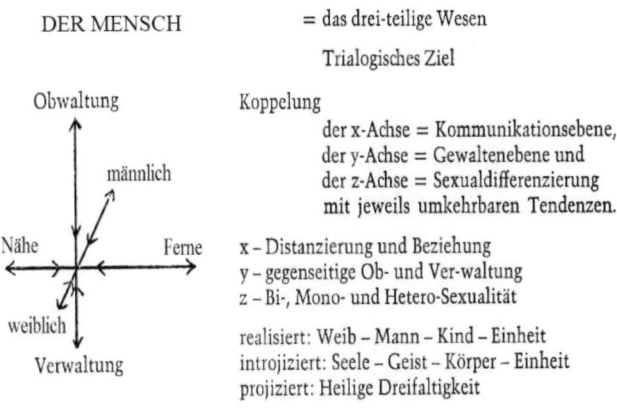

‚Trialogisch' sollte heißen, dass der in sich ‚dreiteilige' Mensch eine Einheit durch eine besondere Art der Vermittlung bzw. durch die ‚logische Praxis' der Psychoanalyse in Form eines dreiergesprächigen Logos und nicht nur eines Dialogs finden kann. Es genügt nämlich nicht, dass nur der

---

[1] Wittgenstein, O. Graf, sagen, hören, sehen, Band I, Bonz (1978)

Therapeut und der Patient zusammensitzen, es muss auch im Sinne des Dreigesprächigen noch ein Dritter oder ein Drittes mit im Raum sein: S. Freud als Vater der Psychoanalyse zum Beispiel oder der Konsens der psychoanalytischen Lehre in Form der ‚praktischen Logik' Lacans. Erst so, mittels eines psychoanalytischen ‚Durcharbeitens' der ebensolchen Dreiteiligkeit der X-, Y- und Z-Achse in Graf Wittgensteins Schema, kann der Mensch in einer umfassenden Form zur Selbsteinheit gelangen. Denn von sich aus ist der Mensch keine in sich einheitlich ruhende Persönlichkeit. Auch mir geht es in diesem Buch um dieses ‚treiteilig-einig', wobei ich dem ‚Sehen' des Graf Wittgensteinschen Buchtitels die Bergwanderungen, dem ‚Hören' die Meditation und dem ‚Sagen' die Wissenschaft zuordnen möchte.

Auf diese Weise will ich nämlich Graf Wittgensteins ‚dreiteilige Einheit', aber auch die Dreigesprächigkeit in anderer Weise als nur wissenschaftlich, nämlich durch Einbeziehung körperlicher und meditativer Übungen, vermitteln. Der letzte Schritt, das ‚trialogische Ziel', sollte Graf Wittgenstein entsprechend und aufs konkrete Leben übertragen, in etwa am Ende des zweiten Lebens-Drittels erreicht sein. Dann nämlich sollte man schon so weit sein, dass man die vielen - in dieser Abbildung gezeigten - sich gegenüberstehenden Aspekte unter einen Hut bringen kann. Manchmal hat Graf Wittgenstein zum Erreichen des ‚Trialogs' schon die Phase nach der Pubertät gemeint, also den Lebensabschnitt, wo man diese Phase wenigstens einigermaßen überwunden hat, auch wenn es erst später im Leben gelingt. Denn das Postpubertäre findet sich leider auch noch in vielen Erwachsenen.

Um den Vorgang der Reife zu beschleunigen, ist es deswegen nötig ein paar körperliche Mühen (z. B. Bergwandern) und Meditation in die Psychoanalyse mit herein zu nehmen. Die Psychoanalyse allein ist ein langer, umständlicher und teurer Weg, den ich in kompakterer Form in einem eigenen Verfahren vereinfacht und verkürzt weiter entwickelt habe. Ich habe es *Analytische Psychokatharsis* genannt, weil es kathartische, entspannend-befreiende, meditative Anteile auf der einen Seite und analytische Anteile auf der anderen Seite miteinander verbindet.

‚Trialogisch' sollte wie erwähnt zudem heißen, dass man über den meist täuschenden ‚Dialog' hinauskommen muss, bei dem ein Bezug zum Unbewussten, zum ganz *Anderen* in uns selbst, ja zum Ur-Verdrängten in uns mit einbezogen ist. Das Ur-Verdrängte ist laut Freud nicht nur das erste Verdrängte, das dann Vorbild für die folgenden Verdrängungen wird. Es handelt sich auch um ein so grundlegend Verdrängtes, ja seelisch ganz Abgespaltenes, so dass es mit der herkömmlichen Psychoanalyse nicht mehr erreicht werden kann. Eine bestimmte Form der Meditation, wie ich sie oben angedeutet habe, kann das Ur-Verdrängte jedoch in das therapeutische Vorgehen einbeziehen.

In einem Gespräch deutete mir Graf Wittgenstein einmal an, dass er den Begriff der ‚Trisexualität' einführen möchte, um die Grundannahme Freuds von einer in jedem Menschen angelegten Bisexualität noch erweitern zu können. Ich fand dies kurios, und ich glaube, er hat nie mehr irgendetwas in dieser Richtung verlauten lassen oder veröffentlicht, so sehr der Begriff der ‚Dreiheit' – wie ja gerade geschildert – für die Psychoanalyse und die letztliche Reifebildung wichtig ist. Der Begriff des ‚Trialogs', sagte ich zu ihm, reicht doch schon aus, um den Menschen in dieser psychoanalytischen Auffassung besser und tiefer zu verstehen.

Dennoch kann ich heute genauer erahnen, was Graf Wittgenstein damals bewegt hat. Es gibt zu viele Sexualitäten, die Freud meist auch als ‚infantil' charakterisierte und die der Mensch seiner Ansicht nach durch Kulturentwicklung überformen sollte. Nun bleiben Reste dieser Infantilität in allen Formen des Sexuellen bestehen. Auch in der vordergründig als normal klassifizierten Heterosexualität ist ein Mann, der ständig eine andere Frau braucht und noch zehn andere im Kopf hat, problematisch, neurotisch, um nicht zu sagen: pervers. Und so halte ich den ‚Trialog', indem sich dieser auch aufs Sexuelle im weitesten Sinne (vom Kindes- bis zum Greisenalter) bezieht, für einen guten Begriff, denn der Mensch kommt nicht nur mit unreifer Sexualität zur Welt und bleibt oft darin verhaftet, sondern auch mit einem unausgegorenen Logos, einer nur sehr rudimentären Sprach- und Sprechfähigkeit, die er nicht zur vollen Entfaltung bringt.

Neben den Schilderungen verschiedener Wanderungen möchte ich also auch Bemerkungen über eine Meditation einflechten, die zwar die Psychoanalyse als wissenschaftliche Grundlage nutzt, aber ohne zu viel komplexe Theorie auskommt. Dank der Psychoanalyse Lacans lässt sich Meditatives und Psychoanalytisches gut in dem Verfahren der *Analytischen Psychokatharsis* miteinander verbinden, worüber ich in etlichen Sachbüchern eigenes berichtet habe. Diese Berichte klingen jedoch wegen des wissenschaftlichen Anspruchs sehr nüchtern und nicht weniger komplex als die heutige psychoanalytische Literatur, in der sich die vielen Schulrichtungen nur noch mit Müh und Not auf ein gemeinsames Begriffsinstrumentarium einigen können. Heutzutage ist die Psychoanalyse zu sehr institutionalisiert, und so gibt es in ihrer Kultur zu viel ‚Unbehagen', wie Freud schon zu seiner Zeit monierte.

Um auf das ‚Sehen' und die Bergwanderungen zurückzukommen: Man sieht oben von den Bergen aus ja meist gut in die Ferne, sollte aber dabei auch zu sich selbst in die eigene, innere Nähe schauen, denn nur so kommen äußeres und inneres Wahrnehmen, das ich auch das *Erscheinungs-* beziehungsweise das *Erscheinungs-Wirkende* nenne, zusammen. Und mit dem ‚Hören' verbinde ich das damit korrelierende *Wort-Wirkende*, das sich vorwiegend auf die Psychoanalyse bezieht, aber auch auf das, was Graf Wittgenstein mit Verwaltung und Obwaltung angedeutet hat. Denn so wie ich Meditation verstehe, kommt sie mehr von oben, von der Obwaltung, ergänzt durch die Psychoanalyse, wo sie von unten zu kommen scheint und wo der Mensch von seinem unbewussten Begehren geradezu verwaltet wird, weil er sich nur schlecht gegen diese Strebungen von dorther wehren kann.

Schließlich wird mit dem ‚Sagen' nicht nur die Wissenschaft gemeint sein, sondern auch des Verhältnis von Mann und Frau, das man sonst ja nur aus hunderten von Romanen kennt oder auch aus dem eigenen, vielleicht nicht ganz geglückten Leben. Nirgendwo ist das ‚Sagen' so wichtig wie zwischen den beiden Geschlechtern, wo man glaubt vom anderen alles schon zu wissen und zu kennen, dies mit dem Lebenspartner und vielen anderen Menschen schon besprochen zu haben meint und dennoch sich nichts ändert und bessert. Deswegen ist der andere Teil der Psychoanalyse hier gefragt, nämlich der, mit dem sie behauptet, eine Wissenschaft v o m Subjekt zu sein. Hier muss alles genau hinterfragt werden und nur mit Liebe und guten Vorsätzen allein ist es nicht getan. Ausgerechnet da also, wo es ums intime Leben geht, ist Wissenschaft gefragt, wenn auch in besonders menschlicher Dimension, die eben den Schwerpunkt aufs Subjekt legt.

Weiterhin auch noch die anderen in der obigen Abbildung aufgeführten Aspekte, die des Realisierens, Introjizierens und Projizierens in die Zuordnungen der X-Y-Z-Achsen einzubringen, ist nicht leicht. Es überschneiden sich die Zugehörigkeiten sowohl der Achsen wie deren Bezeichnungen bei sehr vielen Parametern. Und so werde ich versuchen, bei meinen Bergwanderungen auch an die Sexualdifferenzierung zu denken, genauso wie bei zu großer Nähe an die Ob- und Verwaltung, wobei das letztliche Ziel ohnehin die des ‚Trialogs' ist, auf das ich über mehrere Kapitel hin versuchen werde zu zusteuern. Weitere Anmerkungen zu Graf Wittgenstein werde ich in die folgenden Texte einbinden.

1. Tramin – Südtirol

Man kann direkt von Tramin aus auf den Roen steigen, vier Stunden circa bis nach ganz oben. Am Anfang scheint alles ganz gemütlich zu gehen. Ein bisschen hügelig, eine taubedeckte Wiese, ein Wald, ein kleiner Bachlauf und ein paar sumpfige Stellen. Zuerst wirkt das Gras fast ein wenig malachitgrün mit ein paar Dotterblumen und Hauhechelkraut dazwischen. Doch danach windet sich der Weg den dunkelgrünen Wald hinauf. Kein Mensch geht auf diesem nicht ausgewiesenen Pfad, ein paar Vögel zwitschern, man ist allein. Einmal schlängelt sich eine kleine Schlange am Wegrand vorbei und verschwindet schnell im Gebüsch. Zwei schwarze Käfer laufen auf einer Baumrinde um die Wette. Die Zeiten sind wohl schon lange vorbei, als man sich im Wald noch vor größeren Tieren fürchten musste, heute sind es eher die zu vielen Menschen, die beunruhigen. Doch hier erscheinen überhaupt keine Menschen, diesen direkten Weg kennt fast niemand, und offenbar schon gar keine Touristen.

Man kann sich so fühlen, als wäre man der Besitzer eines großen Areals von Bäumen, Zweigen und Sträuchern und eines würzig duftenden Nadelbodens. Es riecht nach dem ätherischen Öl von Fichten und Lerchen, und ich stelle mir vor, dass die Erde hier etwas herb, tonig und eben wie uralter, gesunder Waldboden, schmeckt. All das zusammen ergibt etwas Besinnliches, eine Verbundenheitsstimmung, eine ‚Wahrnehmungsidentität'. Sigmund Freud stellte diese der bei uns heute üblichen ‚Denkidentität' gegenüber. In der ‚Wahrnehmungsidentität' fühlt man sich mit dem Wind identisch, der einen umspielt, umweht und umhaucht, und mit dem weichen Nadelboden, dem Kieselgur der Steine und dem Summen der kleinen Tiere, die nahe sind wie selten sonst. Aber wir moderne Menschen riechen nicht mehr und schmecken nicht mehr und erfassen auch nichts mehr mit innerer Berührung, mit dem ‚inner touch‘, wie es der Philosoph D. Heller-Roazen nannte.[2] Vielmehr haben wir sofort etwas Sprachlich-Begriffliches zur Hand, wenn es um das geht, was wir für ‚wahr‘ nehmen. Kurz: statt der mehr bildhaften, ‚imaginären Ordnung‘, dem *Erscheinungs-Wirkenden*, bevorzugen wir die worthafte, ‚symbolische Ordnung‘, das *Wort-Wirkende*, und bringen vor allem die beiden nicht in Einklang. Eben dafür braucht es ein drittes Element, das ich durch mein Verfahren herstellen will.

Es geht nun steiler bergauf. Zeitweise sind Felsen zu sehen, dann geht es wieder durch den hochbaumigen Wald, ein schmaler Steig weiter und weiter nach oben. Trotzdem wieder der Eindruck, man ist Herr der Welt, alles neigt sich

---

[2] Heller-Roazen, D., The Inner Touch, Der innere Sinn, Archäologie eines Gefühls, fischer wissenschaft (2012)

einem zu, kühlere Bergluft macht sich breit und verpasst den Lungen eine manische Frische. Trotzdem ist es kein großer Spaß. Der Weg ist anstrengend und erst nach dreieinhalb Stunden erreicht man ein kleines Plateau, von dem aus ein Klettersteig weiter hinauf geht. Es handelt sich um eine der üblichen Metallleitern, keine allzu große Schwierigkeit. Vielleicht sogar ein kleines Highlight, und dann ist man ganz oben. Es liegt selbst im Juni noch ein bisschen Schnee, aber auch hier – zumindest in der damaligen Zeit, in der ich dort war, so um 1965 herum – keine Menschen.

Allein für diesen Blick in die Weite, ins endlose Tal, und für dieses Abgehoben Sein von all dem Trubel unten ist man hinaufgegangen. Man sieht tief unten lebendiges Grün verschiedenster Schattierungen und das glitzernd fließende Wasser der Etsch. Viele Häuser, Gehöfte, Wein-Terrassen, Obstplantagen. Mikro-Fahrzeuge, Mikro-Menschen, Mikro-Dinge und Mikro-Tiere, die sich unten auf den Straßen bewegen. Ist das wirklich die Schau, das Gemälde, die Vision, die man sich vom Leben erwartet hat? Für die Fitness war es ganz gut, auf den Gipfel zu gehen, aber sonst? Irgendwo erhoffe ich mir von so einer Wanderung, ohne Menschenwerk, ohne große Begegnungen mit anderen Leuten, ohne small talk und auch ohne sonstige Events, auf das ganz Große zu treffen. Warum sollte es das nicht geben, dass nach einer Wanderung, nach viel Natur, Anstrengung, einem großartigen Blick und ein paar guten Gedanken und ‚lifts up' etwas Charismatisches passiert?[3]

---

[3] Ich werde auf den Begriff des Charismas noch zurückkommen. Ich möchte ihn weder theologisch noch allzu alltäglich

Aber ich bin kein Schwärmer, ich hasse diese Baumflüsterer, die allzu Naturverzückten, diese Neo-Animistiker, die glauben, dass die Materie lebt.[4] Ihre Bücher sind ganz amüsant und auch interessant zu lesen, aber warum müssen sie so warmherzig und realitätssüchtig daherkommen, als wäre dies nicht schon in uns und dort sogar viel lebhafter erfahrbar? Mir kommen ein paar Menschen in Erinnerung, ja direkt in den inneren Blick, und ich denke die Gedanken, die mit ihnen gedacht worden waren, und da ist die Wärme schon da. Vielleicht nicht genug. Sie leben zum Teil nicht mehr, zum Teil waren die Gedanken nicht so wichtig. Für was waren die Menschen dann eigentlich da, für was sind die Worte ausgetauscht worden?

Schwer auszuhalten wie unbedeutend wir alle sind, aber es muss noch etwas *Anderes* geben, nichts ‚Spirituelles', eher etwas ‚Jenseitiges unserer Sätze', wie der Philosoph M. Foucault monierte. Etwas *Anderes* unseres Ich-Seins, das *Erscheinungs-Wort-Wirkende* im *Andern* des Unbewussten.[5] Wahrscheinlich ist das Wort Charisma zu stark dafür. Es würde ja schon genügen, wenn man nur ein bisschen zur ‚Wahrnehmungsidentität' zurückkehren und den Blick von oben als einen Überflug, eine Überschau über das Wesen der Welt begreifen könnte. Das Ganze müsste dann allerdings – jetzt greife ich sehr weit vor – auch von einem

---

menschlich verwenden, sondern ihn auf einer mittleren Ebene halten, auf der sich auch die Psychoanalyse ansiedelt.

[4] Bennett, J., Lebhafte Materie. Eine politische Ökologie der Dinge, Matthes & Seitz (2020)

[5] Für den Psychoanalytiker J. Lacan ist der unbewusste Andere, der durch Verinnerlichungen von bedeutenden anderen außen entstanden ist, die hauptsächliche seelische Instanz.

‚Überwort' zusammengehalten werden. Denn der Blick schwächt sich in der Erinnerung ab, aber das Wort bleibt. Es bleibt zumindest länger und auch präziser im Gedächtnis als die Flucht der Bilder.

Doch da ich das ‚Überwort' noch nicht zur Verfügung habe – ich werde es später ein *Formel-Wort* nennen – will ich zuerst einmal all diesen Riesen-Hintergrund von Kultur, Religion, Politik, Wissenschaften und von was weiß Gott sonst noch geredet und gemacht wird, vergessen. Ich wollte nur einfach vom Wahr-Sein da oben reden, ein wenig Weitblick haben und mich mit dem Gefühl lebendig zu sein, begnügen. Allein nur zu atmen, ist schon grandios. Aber es genügt nicht und so habe ich das alles aufgeschrieben. Wahrscheinlich wird es niemand lesen, es wird nicht das große Wahre sein. Ich wiederhole, das große Wahre muss es irgendwo geben. In uns, um uns. Es ist gut sich daran zu erinnern, für einen Moment, vielleicht. Danach steigt man vom Roen einen anderen Weg wieder hinab. Richtung Mendelpass, er ist leichter zu gehen. Man erreicht eine Bank, ein kleiner Gunsterweis, hinsetzen, die Augen schließen und warten.

Schon bald danach fängt die Stille an sich bemerkbar zu machen. Nie ist die Stille ganz still. Die fernen Geräusche des Lebens unten im Tal sind aber dem Meditativen sogar förderlich. Feine Reibe-, Raschel- und Summgeräusche versetzen schon Kleinstkinder in Entspannung. Man kann sogar eine elektrische Zahnbürste in ihrer Nähe aufstellen, damit sie leichter einschlafen. Und so beruhigen auch die von weit herkommenden Menschenweltgeräusche, und nach einiger Zeit lässt sich innerlich ein feiner Ton hören, als wenn man sich darauf konzentrieren würde. Dabei ist er es, der sich auf mich konzentriert, und er wird deutlicher und deutlicher.

Oben, oben und rechts im Kopf oder in der Tiefe des Gehirns oder des Unbewussten taucht er auf. Lacan bezieht sich auf ihn als etwas ‚Reales'.[6] Ich meditiere in dieser Weise schon lange, es ist nichts Besonderes, den Ton, Klang oder etwas ähnlich Hörbares trägt jeder in sich. Es ist etwas Vertikales, als sei man im Ton gelotet, gegradet, nach oben, unten, unten, oben. Wenn man viel damit geübt hat, und länger auf ihn hört, bekommt er den Charakter von etwas, das gehört werden will, das sich bemerkbar machen und etwas sagen will.

Das ist nichts Pathologisches. Irgendwann wird klar, dass es die eigenen unbewussten Gedanken sind, die ganz leicht vernehmbar werden, die man beinahe hören kann und dann auch plötzlich fast zu verstehen meint. Es sind nicht die üblichen Gedanken, die man so denkt. Vielleicht sind es überhaupt keine Gedanken oder nur Vorformen davon, doch im Moment ihres zunehmenden Erfasst Werdens sind sie unbewusst gedanklich, werden sie sogar bewusst verstanden. Das heißt nicht, dass man sie voll begreift. Sie erreichen nicht die Form einer Geschichte, eines längeren Ausdrucks oder gar einer Erweckung. Sie sind nicht charismatisch, nicht das große Wahre oder das ganz Große überhaupt. Aber es gibt sie real. Das Unbewusste ist das Schatzhaus der Signifikanten behauptet Lacan, zentraler Ort der

---

[6] Das ‚Reale' ist nach Lacan nicht die innere oder äußere Realität, sondern etwas, das der ‚imaginären' und ‚symbolischen Ordnung' als Drittes gegenübersteht. Es ist das, was immer an seinem Platz ist, unüberschreitbar, ohne Riss und nicht herstellbar.

Bedeutungseinheiten, der Weisungen, der Rätselworte, Zeichen und Losungen, des groß zu schreibenden unbewusst *Anderen,* der/das in uns durch die Laute der Umwelt, der Eltern, Lehrer, Analytiker, kurz: all dieser/dieses bedeutenden Anderen, verinnerlicht in uns entstanden ist als *Anderer, Anderes* per se.

Oft handelt es sich auch nur um unbedeutende Erinnerungen, Phantasien, die man sofort wieder wegwischt. Manchmal kommen aber eigenartige Sprüche zutage, von denen man das Gefühl hat, dass sie einem wirklich etwas sagen könnten. Etwas Wesentliches. Man muss dann über eine gute Rationalität verfügen, um sich wirklich nur auf die wenigen klaren und guten Silben, Halbsätze oder spruchartigen Gedanken zu konzentrieren. Klare Ratio ist genauso gefragt wie das Irrationale des Unbewussten. In solchen Momenten gibt es keine Frage mehr nach dem großen Wahren, denn es ist zumindest etwas ihm Entsprechendes da. Es ist vielleicht nicht groß, dieses Wahre, aber es hat es in sich. Wie gesagt verteilt es Weisungen, Enthüllungen und eben manchmal sogar Losungsworte.

„Teetrunken" höre ich plötzlich in mir, als ich ein bisschen in mir ‚versunken' war; „teetrunken"? Seltsam, leise und wie aus der Tiefe des körperhaft Unbewussten herauskommend war es ganz klar zu vernehmen, ich habe mich nicht verhört: „teetrunken", was soll das! Das Rationale schaltet sich sofort ein und sortiert in Sekundenschnelle, ob das gehörte Unsinn ist oder doch versteckten Sinn hat. Kann man von Tee trunken werden? Vielleicht, aber ich denke, die Bedeutung besteht aus einem mehr übertragenen Sinn. Es ist ganz klar, was es heißt, denn wenn es aus einem selber kommt, weiß man es meist sofort. Für mich hatte es die

Bedeutung einer Trunkenheit durch die Meditation generell, in der man eben nicht trunken wird von dem, was üblicherweise trunken macht. So eine Trunkenheit aus dem
Nichts her wird ja oft behauptet. Doch warum „Tee"?

Mittelalterliche Mystiker und asiatische Weisheitslehrer
erwähnen solche Phänomene mit Worten wie Sartori, Sa-
madi oder Ekstase. Sie sind von Gott intoxikiert, sagen sie.
Ich nenne so etwas eine einfache Katharsis, eine Selbstsublimation, eine entspannende Abreaktion, das Wahrnehmen
eines leichten „Durchrieselns" im Körperbild, eines befrei-
enden Umschalten im System des Unbewussten, das dann
eben (neuro-psychisch?) einen Kanal für das Gedankenhören öffnet. Es verhält sich ja auch oft im Normalzustand so,
dass man nicht weiß, ob ein Gedanke jetzt ganz aus dem
eigenen Ich kommt oder von woanders her angestoßen
wurde. Gedanken hat man nie ganz alleine.

Trotz allem: „teetrunken" war ein gutes und schönes Wort,
dachte ich mir beim Weitergehen nach unten ins Tal. Meine
Rationalität sagte mir, dass es ok ist. Denn es geht bei ihm
einfach um etwas *Anderes,* um den/das *Andere(n)* als solchem und weniger um all diese Riesen-Hinter- und Vorder-
grundgeräusche, von denen ich gerade erwähnt habe, dass
wir ihnen normalerweise ausgeliefert sind: das Klappern
der Welt, der Politik, der Leute, der Alltagsprobleme. Die
Stille wird irgendwie hörbar in den Momenten, wo man
entspannt ein bisschen absinkt ins innere Betrachten, in die
Kontemplation, in die Muße. Und sie lässt dann eben
manchmal einen wie von ferne oder aus der Tiefe kommenden Signifikanten durch, *Erscheinungs-Wort-Wirkendes,*
das Bedeutung hat.

Dass lang dauernde Stille zu dröhnen anfängt, wie man so sagt, stimmt natürlich nur unter der Bedingung, dass sie angespannt ist, also wenn Menschen z. B. wegen eines Problems beieinander sitzen, und keiner sagt etwas. Aber in der Situation, in der man erschöpft von der Wanderung ruht, fängt die Stille eher zu flüstern an, zu murmeln oder nach Gedanken zu klingen. Die Verortung von oben oder rechts oben wie ich behaupte, soll keine neurologische Orientierung bedeuten.

Es hat wohl nur nebenbei mit der Nervenkreuzung zu tun, in der das linkshirnige Sprachzentrum sich nach rechts hin auswirkt. Es hat auch etwas mit den Wortassoziationszentren zu tun oder einfach mit dem Bedeutungs-Kontext, in dem man mit anderen verbunden ist. Lacan sagt, es sind die im Körper sich unbewusst stauenden Echos all des Hörbaren und Gehörten, das sich meldet. So verhält es sich auch beim üblichen Flüstern, wenn man nicht sicher sein kann, was man gehört hat wie im Spiel ‚Flüsterpost': die Assoziationen fangen dann selber an zu sprechen.

Natürlich kann man auch von Tee schon trunken sein, wenn man ein ganz besonderer Genießer bestimmter Teesorten ist, von „Golden Assam" z. B. oder von „Kusmi Darjeeling" oder sonst einem Second-Flash-Produkt anerkannter Tee Arten. Doch gerade dann ist die Trunkenheit nur ein zusätzliches Entstehen aus der Zeremonie des Teebereitens und Konsums. Es geht nur um eine psychische Überhöhung, um eine Hyperthymie. Ich bin ein Teetrinker, habe mich auch schon auf den Tee nach meiner Wanderung gefreut, übersetze aber das Ganze in erster Linie als Metapher für meine Meditationsversuche, für die Selbsttrunkenheit, die eine Meditation des *Anderen* ist. Künstliche

Überhöhung mag ich nicht, und auch das Wort ‚spirituell‘ schreibe ich immer in Anführungs- bzw. Fragwürdigkeits-Zeichen.

Das soll heißen, ich gerate nicht in Ekstase, nicht in einen Rausch, aber in eine Katharsis. Man erfährt so etwas, das vielleicht ein wenig rätselhaft aber doch leicht zu interpretieren ist in jeder guten Meditation. Aber es muss wie abgegrenzt von jedem bewussten Denken, wie von fern, aus der Tiefe oder scheinbar völlig anders herum gesagt, gehört, gedacht und verstanden sein. Dass etwas aus dem Unbewussten spricht, ist eine Sache für sich. Etwas oder jemand will mir hier etwas sagen, was eben verdrängt oder gar abgespalten im Unbewussten zirkuliert und endlich Gelegenheit hatte, hervor zu brechen. Wittgenstein hätte gesagt, dass es aus der konflikthaften Dreiteiligkeit kommt und sich in einem Logo, einem Motto, einem Nimbus, einem Eigennamen die ‚Dreiheit‘ vereinheitlichend ausdrücken will.

Aber was? So stark entlarvend, enthüllend ist „teetrunken“ nun auch wieder nicht. Oder? Ich sollte davon schreiben, einen anderen Sinn – außer dem der Katharsis, und dass es meditationstypisch ist – konnte ich nicht entdecken. Vielleicht bin ich auch zwangsbesessen vom Schreiben. Ich habe dreißig Bücher über mein psychoanalytisch-meditatives Verfahren geschrieben und sicher über hundert Artikel im Internet dazu veröffentlicht. Ich bin buchstabentrunken, schreibtrunken, mitteilungstrunken, das wird es sein. Und es reicht, ich sollte nicht noch mehr schreiben, das bringt´s nicht. Ich bin nicht nur nach Teeblättern trunken – das auch in gewissem Maße – sondern nach beschreibbaren Papierblättern, Druckseiten, Büchern und Internetpages. Ich muss die Trunkenheit reduzieren, auch wenn sie schön ist und meine Bücher nicht alles sagen können.

Auf jeden Fall kommt „teetrunken" nicht von der Wittgensteinschen ‚Obwaltung' oben, auch nicht von der ‚Verwaltung' unten oder von fern oder nah. Es ist aus der Mitte gekommen, wo es wirklich Meditation ist, Charisma, etwas zwischen dem ‚Sagen' und dem ‚Hören'. Und so musste ich aufstehen und auch den Weg ins Tal nach Tramin wieder weiter hinuntergehen. Unten angekommen setzte ich mich sofort an die Schreibmaschine und schrieb diese Zeilen. Damals gab es noch keine Laptops mit Spracherkennung und anderem Schnickschnack. Man musste fehlerlos tippen. Man konnte keine Vokabeln in den Text einfügen, umändern und löschen wie heute auf dem PC. Dennoch war der Spaß der gleiche.

Danach also ein Tee. Es war ein Tee aus Sri Lanka, wo wir, Familie und Freunde, auch einmal die Teepflückerinnen im Hochland besucht haben. Sie wirkten so bescheiden und stark und in sich ruhend. Aber als wir ihnen etwas Geld geben wollten, verloren sie völlig ihre Würde und stritten sich raffgierig um die Scheine. Dabei war es nicht viel, was wir gaben, und wir waren betroffen von der offensichtlichen Armut, die hinter diesem fast aggressiven Auftritt steckte. Entsetzt warfen wir das Geld aus dem Auto und trieben den Fahrer zur Weiterfahrt an. Solange ich diesen Tee trinke, werde ich daran denken und auch daran, dass diese Arbeiterinnen wohl ausgebeutet werden, obwohl sie in freier Natur einen schönen Beruf haben. Aber sie sind total frustriert und haben ihre Würde vergessen. Und auch was für ein Unsinn unsererseits, so weit weg in eine andere Welt zu fahren.

2. Kampenwand

Die Kampenwand gehört zu den Münchner Hausbergen, man muss also dort gewesen sein, wenn man hier lebt. Mein Weg da hinauf fand jedoch mehr als vierzig Jahre später statt, als die gerade beschriebene Tour auf den Roen. Im Alter empfehlen sich Touren, bei denen man den Rückweg mit der Seilbahn antreten kann, so also auch jetzt von Aschau aus, von wo man bis zum Gipfel fast drei Stunden benötigt und so in einer Viertelstunde wieder unten ist. Die Sache ist nicht mehr so romantisch, denn heutzutage sind Freizeitanstrengungen beliebt, und so bekommt man oben auf der Terrasse des Gipfelrestaurants kaum noch einen Platz. Es findet sich auch nirgendwo ein Plätzchen zum Meditieren. Dafür trägt man spezielle Schuhe und Kleidung und stützt sich auch mit eigens dafür geschaffenen Stöcken ab. Kann man nicht alles in simplen aber guten Turnschuhen bewältigen?[7]

Doch ich kann inzwischen auf eine große Menge von ,*Pass-Worten*', wie ich nunmehr diese meine Verlautungen aus dem Unbewussten nenne, zurückgreifen. Ich nenne sie deswegen so, weil sie Identitätsworte sind, die ja mit dem imaginär-symbolischen Komplex im Unbewussten zu tun haben, der uns – ohne dass wir wissen warum – so viele Dinge tun und denken lässt. Eines der besten dieser *Pass-Worte,* die mir zukamen, war: „Sag deinen Mädchen-

---

[7] Als ich nämlich so beschuht den Berg hinaufstieg, schalte mich ein Wanderer lauthals wegen des Mangels an echten Bergschuhen. Zwangsneurotiker, schimpfte ich den Wichtigmacher zurück, schließlich war es ein Wanderweg und kein Klettersteig.

namen". Im ersten Moment klingt dies für einen Mann wahrscheinlich recht befremdlich. Aber dass es überhaupt so etwas geben kann, dass *'Es'* (das Freud'sche *Es*) tatsächlich in einem *Spricht*, ist schon erstaunlich. Nun kann ich hier leicht wieder auf den/das *Andere(n)* verweisen, der doch Hort der *Signifikanten*, der Sprecheinheiten ist. Zudem ist die unbewusste Wahrheit ja eben gerade nicht die übliche, allgemein kommunizierte und bewusst, bekannte Wahrheit. Auch im Altertum sprach das Unbewusste ja völlig rätselhaft wie es vom Delphischen Orakel her überliefert ist. Die Orakelpriester mussten es deuten.

Doch mit modernen Methoden – wie etwa mit der von mir entwickelten analytisch-kathartischen Meditation, der *Analytischen Psychokatharsis* – kann man allzu spekulative und enigmatische Aussagen ausfiltern. Zudem gehört vielleicht ein wenig psychoanalytisches Wissen dazu, um solch ein Identitäts- bzw. *Pass-Wort* in den druckreifen Text zu übersetzen, was bei dem Spruch mit dem ‚Mädchennamen' nicht allzu schwer war. Es sollte wohl um das *Weibliche* in mir selbst gehen und auch darum, dem weiblichen Begehren einen Namen zu geben. Dies hatte nämlich Freud vergeblich versucht. Einer der ersten Psychoanalytiker, der mit Freud darüber korrespondierte, war interessanterweise der Inder G. Bose.

Er entwickelte im Gegenzug zu Freuds Definition des Ödipuskomplexes den Komplex der „gegensätzlichen Wünsche" (opposit wishes) oder Affekte. Der Kastrationsangst des Knaben setzte er z. B. den „unbewussten Wunsch eine Frau zu sein" gegenüber und dem sogenannten Freud'schen ‚Penisneid' der Frau den „unbewussten Wunsch, ein Mann sein zu wollen". Diese unbewussten Strebungen mussten dann vom Therapeuten dem Patienten bewusst gemacht und mit der äußerlichen Situation versöhnt werden. Damit hatte also mein ‚Mädchenname' – mehr oder weniger, so dachte ich – zu tun, wenn es bei mir auch nicht um den transsexuellen Hintergrund wie bei G. Bose ging, sondern eher um etwas zu viel Heterosexuelles.

Tatsächlich finden wir im indischen Yoga in der Betonung der Guru-‚Bhakti' (Verschmelzungsliebe) und auch in der westlichen Mystik in der Vereinigung mit Christus etwas Vergleichbares wieder. Hingabe und Empfänglichkeit sollten in diesen mystischen Verfahren bis zum Geht-nicht-mehr entwickelt werden, was nichts anderes bedeutete, als eine weibliche Struktur in der Meditation zu betonen. Boses Theorie hat sich jedoch in der Praxis nicht durchgesetzt. Bose suggerierte nämlich manchen Patienten diesen unbewussten Wunsch „eine Frau zu sein" mit betonten Aufforderungen, sich dies in der Phantasie wiederholt vorzustellen. Die Kluft zwischen den *Signifikanten*, den umfassenden Wesenheiten ‚Mann' und ‚Frau' ist zu groß, als dass dies einfach durch Suggestion oder eine kurze Analyse bewerkstelligt werden könnte. Diese Manipulationen degradierten seine Wissenschaftlichkeit.

Die Idee der „opposit"-Trieb-Powers ist jedoch, wie beschrieben, nicht grundsätzlich falsch. Und so ist mein Mädchenname nichts Aberwitziges. So verblüffend eine solche gedankliche Äußerung aus dem Unbewussten auch war, sie war doch für mich beeindruckend und auch zutreffend. Pauschal gesagt war mir sofort klar, dass es um die ‚weibliche Seite' in mir ging, die ich offensichtlich vernachlässigt hatte. Spöttischer, süffisanter aber auch origineller hätte mir dies kein Therapeut vermitteln können. Nichts ist so wirksam wie das aus dem eigenen Inneren kommende *Pass*- oder Identitäts-*Wort*, das ich mir – über einen unbewussten Umweg – ja selber gegeben hatte. Wer irgend sonst mir geraten hätte, ich solle meine ‚weibliche Seite' mehr beachten, hätte ein ‚ja danke' aber nicht mehr bei mir bewirkt. Doch die fast paradoxe Formulierung bezüglich des „Sag deinen Mädchennamen" weckte das Interesse viel ausgiebiger.

Ich konnte so auch erkennen, dass die ‚weibliche Seite' in mir nicht darin bestehen würde, mir feminine Verhaltensweisen zuzulegen, wie dies oft Homosexuelle tun. Vielmehr müsste es um meine Art mich auszudrücken und zu schreiben gehen, denn es ist ja speziell vom ‚Namen' die Rede, nicht vom Sein. Meine ersten Bücher waren gespickt mit übertriebenen Sachargumenten wie es männliche Wissenschaftler gerne handhaben. Jetzt versuche ich es mit einem mehr narrativen Stil, wenn er auch noch nicht ganz weiblich geraten ist. Allerdings sollte ich noch erklären, wie die von mir verwendete Meditation funktioniert und wie sie diese *Pass-Worte* zustande bringt. Ich deute es hier nur kurz an und schildere es erst in späteren Kapiteln.

Im Zentrum stehen sogenannte *Formel-Worte,* die den *Pass-Worten* korrelieren, und die in einer Formulierung, in einem einzigen Schriftzug mehrere Bedeutungen enthalten, je nachdem von welchen Buchstaben aus man diesen – im Kreis geschriebenen – Schriftzug liest. Diese *Formel-Worte* sind also wissenschaftlich aufgebaut und werden rein gedanklich, also rein mental wiederholt, bis sie im Unbewussten entsprechend dessen gleichartiger ‚linguistischer-Kristall‘-Struktur die *Pass-Worte* provozieren.[8] Damit folge ich auch Wittgensteins Schema. Der Katalog von Schriftzeichen wird analog geschnitten (an Schnittstellen der Bedeutungen gelesen) und führt so schließlich zu einem ‚Trialog‘ (*Formel-Wort, Pass-Wort*, eigene, letztliche Interpretation) mit dem Unbewussten, dem *Anderen.*

In den kleinen Kabinen der Kampenwand Bahn fühlt man sich schwebend geschützt und kann so diese Art von Selbstgesprächen mit dem Unbewussten führen. Wenn es schon beim Hinaufgehen keine gemütliche Stelle dafür gab, so eignet sich das langsame Hinuntergleiten doch bestens zu Meditieren. Selbstgespräch heißt nicht Gespräch mit dem eigenen Ich, sondern eben mit dem *Anderen*, was durch den linguistischen und kristallinen Umkehreffekt möglich wird. Es ist mein eigener *Anderer*, die – so würde der Philosoph M. Heidegger sagen – ‚Jemeinigkeit‘ des

---

[8] Der ‚linguistische Kristall‘ ist ein Begriff Lacans für die Kombination des Unbewussten aus worthaft-symbolischen (linguistischen) und bildhaft-imaginären (kristallinen) Teilen. Ich nenne die beiden Teile auch ein Es *Spricht* und ein Es *Strahlt*.

Anderen in mir, mein zu einer Art von Absolutheit gewordenes ‚Es-Du', wie der Religionsphilosoph M. Buber sagte. Er ging vom ‚Ich-Es' (identisch mit dem imaginären Ordnung) und ‚Ich-Du' (identisch mit der symbolischen Ordnung) aus, um zum ‚Es-Du' zu kommen.

Allerdings gipfelt Bubers Theorie letztlich in der Erstellung eines ‚ewigen Du', zu dem das Ich-Du sich wandeln muss. Das kann man wissenschaftlich nicht vertreten. Aber man kann alles ein bisschen plausibler machen, wenn man berücksichtigt, dass man in den Naturwissenschaft sich einer aller Referenz auf eine Stimme beraubten Sprache" bedient,[9] und glaubt so das Problem der Wissenschaftlichkeit gelöst zu haben. Man trennt die Stimme, die ja subjektiv ist, von der scheinbar objektiven Sprache ab, hintenherum wird die Stimme dann wieder eingeführt als die des wie aus dem Off sprechenden entsubjektivierten Wissenschaftlers. Auch der Gott Bubers ist in dieser mythischen Weise objektiviert, er verfügt über die priesterliche, mahnende Stimme, die nicht so frei ist wie die meiner ungebundenen *Pass-Worte*, wie die – so könnte man es Buber folgend eben besser ausdrücken – eines ‚Es-Du', des *Anderen* in mir selbst als einer ureigensten vertrauten und zugehörigen und doch manchmal wie fremd wirkenden Stimme, die weder vom Ich noch aus dem Off kommt.

Es handelt sich um die Stimme, die das Regulativ von Distanzierung und Nähebeziehung (Wittgensteins x-Achse), von Ob- und Verwaltung (y-Achse) und auch der sexuellen Partnerschaft (z-Achse) ist. Sie realisiert die über die Mann-Frau-Beziehung hinausgehende familiäre und die als

---

[9] Lacan, J., Freuds technische Schriften, Walter (1980) S. 332

kulturell gesetzte oder gar intersubjektiv verstandene Einheit. Sie introjiziert die Seele-Körper-Einheit, die imaginär-symbolische Einheit, doch sie projiziert dabei nicht unbedingt die Heilige Dreifaltigkeit wie es Wittgenstein weiter formulierte, sondern die grundsätzliche Dreiheit, die Triade.[10] Die muss es nämlich auch in der psychoanalytischen Sitzung geben, auch wenn nur der Therapeut und sein Klient da sind. Es muss – wie schon erwähnt – auch noch Freud, oder Lacan oder der Wissenschaftsanspruch der Psychoanalyse mit im Raum sein. Vereinfacht gesagt ist es wie in einer guten Ehe: man ist nie zu zweit, es ist immer noch die Familie des Partners mit im Spiel. Die Schwiegermutter, der Schwager, ein Kind oder gar der Paartherapeut, also ein Dritter ist stets mit im Bett.

---

[10] Es geht um die Triade des Lacanschen – von ihm borromäisch genannten - Knotens, eine Verknotung von realen, symbolischen und imaginären Aussagemöglichkeiten.

3. Nach Hocheppan

Nochmals nach Südtirol. Nach Hocheppan geht man am besten über den Höhenweg von Schloss Matschatsch aus. Das Schloss zeigt noch alten Südtiroler Baustil. Man kann sich also gut den früheren Schlossherrn vorstellen, wie er groß und behäbig schreitend daherkommt, die Kinder tollen in trachtenähnlichen Gewändern herum, und ein Angestellter kommt um die Ecke und schleppt Holz. Die Hierarchie vom mächtigen Weinbergbesitzer und seinen Arbeitern, die Welt der knorrigen Bergbauern und ihren vielen Kindern und der Mythos von den feurigen Andreas-Hofer-Nachfahren funktionierte noch. Denn die „Bummser" – so nannte man die Südtiroler Burschen, die die Strommasten wegsprengten – kämpften immer noch gegen die italienische Vorherrschaft, die man ihnen aufgezwungen hatte, als ich zum ersten Mal (auch wieder ca. 1965, doch oft auch noch später) diesen Weg machte.

Der Weg von Matschatsch aus verläuft zuerst waagrecht durch viel hellen Laubwald, dann Überquerung der Furglauer Schlucht und später über eine Blumenwiese. Es geht nunmehr ein paar abgetretene Holzstufen hinunter, direkt unter dem Grantkofel in Richtung Hocheppan. Hier kann man freilich Touristen begegnen. Meistens grußlos wie das heute ebenso ist. Früher grüßte man sich ständig und jeder kannte jeden. Grüßen, Reden, Sich-Neuestes-Erzählen, Palavern und ‚Hoamgoarsten' (Gäste zu Hause ohne Bewirtung) war noch ständiger Südtiroler Ritus. Nur so einfach zusammensitzen und miteinander sprechen, war keine Party, sondern autochthone Gruppendynamik, sich aussprudeln, ‚hoamig' ausreden, als Gast auch mal ‚goarstig'.

Es war auch Tratsch und Small Talk. Heute weiß keiner mehr, was da geredet wurde, ob man auch ernsthaftere Dinge besprach und somit Gesellschaftstherapie betrieb. Doch es ging wohl vorwiegend um die Nachbarn, Lokalpolitik, Hofwirtschaft, Wetter, ein paar persönliche Dinge, Konflikte und um die Kinder. Moderne Gruppendynamik bringt meist auch nicht mehr Echtheitsaustausch zusammen. Es ist trotzdem so, als sei mit dem letzten Krieg vor siebzig Jahren ein Sturmwind deutlichen Ausmaßes über das Land und die Dörfer gefegt, hat all die alten Gewohnheiten, Traditionalismen und auch die Schnitzereien an den Hauswänden weitgehend vernichtet und moderne Schachtelhäuser, Hotels, Industrie angesiedelt und ein paar hässliche und einfallslose Obst-Monokulturen etabliert. Keine Gemütlichkeit mehr, aber auch nicht mehr die Dumpfheit der alten Zeit, wo die Bergbauern noch schwer schuften mussten und nur deswegen viele Kinder hatten, damit sie im Alter versorgt waren.

Auch wenn es heute ungemütlicher ist, finde ich das hochinteressante Wissen, das wir heute haben und auch etliches an der modernen Technik nicht unvorteilhaft. Ich denke zum Beispiel – paradoxerweise auf dem Weg nach Hocheppan – an die Astrophysik. Neutronensterne geben schallartige Signale von sich, als würden sie sprechen können, und unter unserer Haut, nur in extremer Miniaturentfernung toben die Andersteilchen eines Paralleluniversums herum, schreiben anerkannte Naturwissenschaftler. Klingt ziemlich verrückt und ist es wahrscheinlich auch. Aber wir gehen ja auch in Spielfilme, die melodramatisch klingen und in denen immer irre Emotionen lauthals hochkochen, weil man ja in eineinhalb Stunden eine jahrelange Geschichte hineinpressen muss, was ebenso verrückt klingt.

Wir können das Paralleluniversum ohnehin noch nicht nutzen, seine Welten sind in mehreren Dimensionen bis zu einer geradezu unendlichen Kleinheit ‚eingerollt‘. Vielleicht ist dies auch alles nur fragwürdig, und selbst die Einstein'sche Relativitätstheorie hat doch für uns Erdenbürger nur wenig Relevanz. Trotzdem, für jemanden, der sich mit kontemplativen Methoden beschäftigt, ist die Astrophysik nicht ohne Bedeutung. Sie gibt ein Modell für diesen in sich mehrfach ‚eingerollten‘ Hyperraum ab, der auch in der Meditation so heißen könnte, wenn man spürt, welch unendlichen Raum das Unbewusste darstellt. Dies wird vor allem am unbewussten Körperbild spürbar. Nicht nur in der Meditation, auch im Traum beispielsweise weitet sich der Raum in unserem Kopf aus und lässt darin weitläufige Szenarien sichtbar werden. Allerdings gibt es im Traum keinen Horizont, die Bilder erscheinen ‚eingerollt‘, gekrümmt, während in der Meditation der Raum in seinen Dimensionen eine weit ausgerollte Stabilität bekommen kann. Es ist das, was ich das *Erscheinungs-Wirkende* nenne, eine sich andeutende ‚imaginäre Ordnung‘.

Die drei Achsen in Wittgensteins Zeichnung formen ja auch einen mehrdimensionalen Raum, den man sich je nach Bedeutungsschwerpunkt in diese oder jene Richtung aus- oder eingerollt vorstellen kann. Nähe und Ferne erscheinen oft so unglaublich divergent. Mal ist die Ferne nah, dann wieder die Nähe nicht distanziert genug. So ist die unendliche Weite des Universums durch seine Parallelform wiederum extrem nahe (wenn man bei diesen kuriosen Erkenntnissen der Astrophysik bleiben will), und unsere eigenen Gedanken, die aus dem Unbewussten direkt, wenn auch oft undeutlich auftauchen, scheinen aus weiter Ferne zu kommen. Obwohl sie doch das Ureigenste von uns selbst sind, scheinen sie dieses Paradox zu bestätigen. Auch dem Bergwanderer ist das Ziel immer noch zu weit weg und manchmal hat er das seltsam befremdliche Gefühl wie es Herr K. in Kafkas ‚Schloss‘ hatte. Das Schloss wirkte so nah, aber dann fanden sich doch wieder Serpentinen, die zu umständlich zu gehen waren, und obwohl man das Schloss schon gut sehen konnte, blieb es einfach entrückt und kaum zu erreichen.

Die Dimensionen waren also ‚eingerollt‘ so wie auch die ‚ultrareduzierten, Phrasen‘ aus dem Unbewussten oder meine *Pass-Worte* ‚eingerollt‘, verschachtelt oder – wie Lacan ebenfalls sagt – in logischen Engführungen (défilés logiques) ausgerichtet sind.[11] Eine Hilfe kann nur darin bestehen, dass man diese ‚Phrasen‘, die so logisch und doch verkrümmt aus dem Unbewussten ins Bewusste hinauswirken, richtig deutet. Wenn die ‚Phrasen‘ durch die Deutung

---

[11] Wie Lacan betont, scheint das Unbewusste als Sprache des *Anderen* oft extrem verdrehte Floskeln zu verwenden.

zu einem klaren Wort, zu einem Satz werden, wird das für jeden Einzelnen relevant sein, und sie werden sich in die große Weite klaren Verständnisses hin ausrollen. Vorher besitzen sie zwar schon Sprachbezogenheit, sind aber noch nicht verbale, übliche Sprache. Eben, es klingt dann wie der Spruch ‚teetrunken'. All dieses Wissen ist hochinteressant, aber genügt dies?

Ich kann höchstens nochmals kurz darauf hinweisen, wie mein selbsttherapeutisches Verfahren funktioniert. Es geht einerseits um eine Konzentration auf das beschriebene Klangbild oder innere Klangphänomen mittels dessen das Unbewusste in seinen „ultrareduzierten Phrasen" angeregt wird, um diese, wie am Beispiel ‚teetrunken' gezeigt, herauszugeben. Im nächsten Absatz werde ich – andererseits – die Konzentration auf das visuelle, das körperbildbezogene Feld beschreiben, wo das Unbewusste zu einer kathartischen Reaktion gebracht wird. Diese beiden Zugänge zum unbewussten Seelenleben – das mehr linguistische Klangphänomen (das *Wort-Wirkende*, das Es *Spricht* aus der Fußnote 7) und das mehr körperbildliche Phänomen (das *Erscheinungs-Wirkende*, das Es *Strahlt*) – stelle ich später ausführlicher dar. Sie sind die zwei Säulen des Ganzen.

Doch was nutzt all dieses Wissen? Wie seit eh und je schlachten sich immer mehr Menschen ab und dies mit immer moderneren Waffen, und wir können nichts dagegen tun. Oder sie überfressen sich, fischen die Weltmeere leer und vergiften die Umwelt. Wer will da noch bleiben? Was nutzen also all die neuen Kenntnisse? Das Gewurrle, speziell in den asiatischen Großstädten, ist manchmal malerisch, aber hoffnungslos verarmt, zerlumpt, entgeistert, gehetzt, verwirrt. Wie will man die Millionen Verkäufer, die am Straßenrand in Kolkata nur vier T-Shirts, oder fünf Paar Socken oder ein paar Früchte anbieten, sozialisieren? Niemals wird irgendeine Maßnahme behördlicher oder anderer Art diese Massenarmut ändern können. Man kann sich als einzelner nur dem generellen Fatalismus ergeben, der erleichternd ist und in wunderbare Gleichgültigkeit und Todesvertrautheit mündet. Die westlichen Megacities sind demgegenüber faszinierend, aber lieblos, seelenlos, kalt. Doch ironisch gesagt, wir haben ja das Paralleluniversum in uns. Wir brauchen es nur zu befragen, wir können uns lebenslang damit beschäftigen. Die Widersprüche sind krass und hoffnungsvoll zugleich.

Bei einem Besuch Hocheppans fünfzig Jahre später (2015) ist kein Tag mehr für ‚Teetrunkenheit'. Der Innenhof des Schlosses ist überfüllt, die kleine Kapelle geschlossen, weil sie sonst verwüstet würde. An ein Käsebrot und ein kleines Glas Rotwein ist nicht zu denken. Auf einem Mauervorsprung sitzend richtet man besser den Blick ins eigene Innere, wo es zuerst einmal nichts zu sehen gibt, aber Ruhe aufkommt. Irgendwann erscheinen auch Erinnerungen, die Bilder von den vielen Plätzen und Straßen, Leuten und Fahrzeugen, Eingängen und Hallen, Stufen und Betten, die man schon einmal gesehen hat. Doch wo? Wo war dies und wo war das? Ja, das muss die Villa Borghese gewesen sein und die Piazza del Populo in Rom, und die Stufen des Amphitheaters? In Epidauros oder in das in Petra? Ich habe in meinem Leben bestimmt an die dreißig griechisch-römische Theater gesehen, nie mehr will ich ein weiteres besichtigen. Die Bilder quälen eher, als dass sie befriedigen. Aber es war – offensichtlich – nötig, sie zu sehen, auch wenn sie einen weiter verfolgen.

Denn das tun sie. War es eine Straße in Portugal oder eine in der Türkei? Wo bin ich diesen Weg gegangen? Und Strände, hunderte von Stränden. Wo war das nochmal? Man muss warten, bis die Bilder sich zurückziehen und etwas verblassen. Wir leiden heute alle an der Reiseritis, einer modernen Form von Poriomanie, vermittelt durch die immer mehr ausufernde Flugindustrie und eine krankhafte Fernsucht. Ich habe einige Freunde, die siebzig und mehr Länder dieser Welt besucht haben und trotzdem immer noch weiter – wohl bis ins höchste Alter – weiter und weiter hinaus müssen. Sie flüchten vor sich selbst, sie rollen sich ständig aus, am liebsten würden sie zum Andromedanebel fliegen, bloß weit weg, bloß nicht in sich selbst hineinschauen. Ich ziehe mich also wieder einmal kurz zurück auf einer erhöhten Platz der Schlossmauer.

Die wolkenhafte Konzentration kommt wieder, diesmal in der Horizontalen, nach innen und vorne, sie lichtet sich, erzeugt also wieder die leichte Katharsis, und das ist gut so. Denn das bleibt eine Weile, und ich kann wieder aufbrechen, den Weg zurück. Besser man sieht nicht zu viel, es findet sich doch oft nur die gleiche schale Welt, die selbst hier, in den kleinen Dörfern, abgelegen im Land, sauber, geordnet und doch auch so unbesonders ist. Man könnte denken, ich sehe die Welt mit den Augen eines Depressiven. Aber das ist nicht der Fall. Ich versuche die Welt eher wie ein Künstler zu sehen, zuerst in schwarz-weiß, doch nach langer Meditation wird ein Baumstamm violett, wie ihn Gauguin gemalt hat, oder ein Berg karminrot, wie bei Kirchner.

Auf jeden Fall erscheint es mir besser sie zu malen, als sie real zu sehen. Auch hier, in den Dörfern im Tal, sind die

Menschen irgendwo anders unterwegs, sie gehören vielleicht nicht zu denen, die wie erwähnt ständig nach Asien, nach Mittelamerika oder Afrika fahren müssen. Aber auch sie sind meist geschäftlich, egomanisch oder zur Ablenkung unterwegs. Statt ‚Hoamgoarsten' betreiben sie ‚Fremdgoarsten'. Dabei wäre das ‚Eigengoarsten' das eigentlich Richtige. Die Heimat ist doch in uns selbst!

Es geht also beim Wittgensteinschen ‚Sehen' wieder um das gleiche Prinzip wie beim meditativen Gedankenhören. Man muss sich die Welt in sich selbst, d. h. subjektbezogen schaffen. So wie man sie unbedarft sieht, ist sie unerträglich. In immer neuen Heimaten herumzustöbern ist genau so trostlos, wie stets in der gleichen zu verharren. Selbst wenn einem hie und da ein freundlicher, liebevoll lächelnder Mensch über den Weg läuft, die Welt ist starr und tot. Ich laufe ein Stück des Weges, denn so lässt sich alles besser (ein wenig schwitzend und keuchend) bewältigen. Von der totalen Entspannung durch die beginnende, leichte Erschöpfung habe ich schon geredet. Der Körper wird dadurch ein wenig umgestellt, umgekrempelt, und fühlt sich für Momente wie gestärkt an. Man sieht dann die Welt nicht nur mit den Augen, sondern auch mit Herz, Beinen und Kopf oder gar mit dem ganzen Körper.

Irgendwann kann man dann innen und außen nicht mehr so genau unterscheiden, und deswegen wird der Baumstamm ja tatsächlich violett und der Berg karminrot. Die Luft fängt zu vibrieren an, manchmal sind die Schwingungswellen fast zu sehen, als wären sie das Medium, auf dem sich alles abzeichnet. Wie beim Gedankenhören gibt es dann auch eine sogenannte Augenscheinlichkeit, in der der violette Baumstamm eben der wirkliche ist, weil es dem Auge so erscheint, aber auch das Gehirn oder das Unbewusste es so färbt. Der Seele findet keinen Gefallen im Blickzwang in die reale Welt, sie liebt die Augentäuschung ins ästhetisch leicht Verfremdete. Der Weg nach Eppan zurück fällt letztlich nicht so weisheitsfördernd aus, wie erwartet. Ich kehre zurück und denke schon an den guten Tee, den es geben wird. Er muss heiß getrunken werden sagt eine alte Bergsteigerregel, auch wenn es einem schon warm genug ist.

Meine ärztliche und psychoanalytische Tätigkeit liegen jetzt schon ein bisschen zurück. Irgendwann werde ich ein Buch schreiben über all die besonders komplexen und oft grotesken Fälle aus beiden Berufen. Aber was heißt grotesk. Ist es anormal, wenn jemand tötet, weil er sich an den fürchterlichen Folterern der Roten Khmer rächen musste? Ich habe das in einem Bericht gelesen. Dagegen sind doch heutzutage die Sprengstoffmorde an Unschuldigen viel grauenhafter. Und was haben wir nicht alles über die Gräuel des zweiten Weltkrieg gehört. Im Washingtoner Holocaustmuseum werden (2016) neben einer Ausstellung über die Schoa auch Bilder und Dokumente über den Völkermord an den Tutsi, über den Völkermord in Dafur, über die Verbrechen der Roten Kmehr, über den Genozid in Bosnien und über die Verbrechen des IS im Nahen Osten gezeigt. Die andauernden Gräuel im Kongo sind noch nicht dabei. Ein mongolischer Patient erzählte mir einmal, wie seine Kameraden im Zweiten Weltkrieg von den Russen gepfählt wurden.

Er brach dabei in Tränen aus, fünfzig Jahre nach dem Krieg! Die Mongolen hatten auf deutscher Seite gekämpft. Man könnte Millionen von Grauenhaftigkeiten aufzählen, Millionen Einzelschicksale. Oder ist der Tod grundsätzlich nur das glückliche Ende aller Anstrengungen, indem sie einen hoffentlich zum großen Wahren gebracht haben und man deswegen froh ist, dass es nicht mehr weitergeht? Nochmals: ich bin nicht depressiv, ich lebe gerne, aber ich hänge nicht am Leben, das ist kein Widerspruch. Denn was sollte man denn noch wollen, wenn alles schon gelöst ist? Wird das Töten nicht immer bleiben?

Ich plädiere damit für nichts Böses. Schon Freud hatte in seinem Briefkontakt mit Einstein dessen übertriebenen Pazifismus kritisiert und ihm klar gemacht, dass es immer Krieg geben wird. Vielleicht wird man das Töten eines Tages anders nennen, aber es wird immer existieren. Auch ich halte mich für einen Pazifisten, aber als meine Kinder noch klein waren, wusste ich, dass ich zum Berserker werden würde, wenn ihnen jemand etwas antäte. Dabei war mir klar, dass meine Rachsucht und mein Tötungsphantasma auch aus eigenen Schuldgefühlen resultieren würde, weil ich mich davon hätte entlasten müssen, die Kinder zu wenig geschützt und vor Gewalt bewahrt zu haben. Nichts ist schlimmer als eigene Mitschuld für ein schreckliches Ereignis ertragen zu müssen, und nichts besser, als es dann einem anderen in die Schuhe schieben zu können und ihn als eigentlichen Täter dafür strafen zu dürfen. Umgekehrt bei den sexuell Missbrauchten, die die eigene Schuld, indirekt mitgemacht zu haben, oft schlimmer und peinlicher empfinden als die Täter, auch wenn diese verurteilt werden. Dabei hatte das Opfer gar keine andere Chance, meist war es hilflos, zu klein und zu ahnungslos.

Auf dem Weg zurück von Hocheppan muss man nicht mehr den Höhenkamm nehmen, man geht weiter unten an Häusern und Gehöften vorbei, von denen ich schon sagte, dass sie alle adrett und gut eingerichtet sind. Alle haben sie Fernseher und Computer und ein, zwei Handys. Alle sind sie gut eingepasst im heutigen Zeitgeist, auch im ländlichen Südtirol. Überall wird deutsch gesprochen, obwohl das hier Italien ist. Nur manchmal trifft man jemanden an, der auch die blaue Schürze trägt, aber auf die Frage nach dem richtigen Weg sagt: „Non parlo tedesco". Ah, vielleicht einer von der Lega Nord. Sie leben hier, wollen aber ihre italienische Identität auf keinen Fall verlieren. Freilich kann der Kerl deutsch, und ich frage ihn auch: „Ihr habt doch beide Sprachen (due lingue) in der Schule gelernt (imparato)"!?

Südtirol hat einen der besten Verträge zur Autonomie. Zweisprachig, sehr viel Selbstbestimmung, und es ist die wirtschaftlich erfolgreichste Provinz Italiens. Heute existieren die „Bummser" nicht mehr. Die Schriftstellerin F. Melandri hat in ihrem Buch ‚Eva schläft' das Grauen der Unabhängigkeitskämpfe im Südtirol der siebziger Jahre eindringlich geschildert. Man könnte Chinas Staatschef diese Autonomie für Tibet und das Gebiet der Uiguren empfehlen, denn es wird auch dort noch Kriege geben.

Hocheppan ist eine frühmittelalterliche Burg und in der erwähnten kleinen Kapelle gibt es sehr alte Fresken, in denen auch richtig bewegend die klugen und die törichten Jungfrauen abgebildet sind. Bekanntlich hatten fünf von ihnen Lampen und Öl mitgenommen, die anderen fünf nur Lampen, als es zum Hochzeitsempfang des Königs ging. Der kam spät in der Nacht, so dass die Törichten kein Öl mehr kaufen konnten und so blieben sie außen vor. Die Kirche versteht dieses Gleichnis als das Beispiel von den Gerechten und den Sündern. Aber in Wirklichkeit ist es richtig traurig. Man kann doch nicht fünf Mädels einfach draußen stehen lassen, nur weil sie kein Öl haben oder dies nicht mehr rechtzeitig kaufen konnten. Für die Beleuchtung hätten doch die anderen schon gesorgt. Und wie war das nochmal, hätte der König alle geheiratet oder nur eine auserwählt? Darüber ist nichts bekannt. Die Schreiber der Bibel haben ihren ‚Mädchennamen' wohl nicht gewusst! Die meisten Touristen sehen und wissen davon jedoch – wenn die Kapelle offen ist – auch nichts.

Fehlt noch, dass ich Genaueres zum Arbeiten mit dieser Verdichtung im visuellen Feld, zur Augenscheinlichkeit, berichte. Auch dieses meditative Feld muss da aufgesucht werden, wo es zwischen Wittgensteins Ob- und Verwaltung in der Mitte liegt. Grundsätzlich genügt dazu, dass man sich – wie in fast allen Meditationen – auf das Dunkel konzentriert, das in einem bei ganz oder halb geschlossenen Augen innerlich auftaucht. Um diesen Vorgang klar begründet zu gestalten, nutze ich aus der Psychoanalyse entnommene Formulierungen, die am Rande – oder bereits darüber hinaus – des normal Sprachlichen (und eben auch Bildlichen) stehen. Auch hier ist es wieder so, als wolle ein Etwas oder Irgendeiner, ein Niemand oder ein Omen, etwas zeigen, etwas unbedingt zu sehen geben. Und das Wichtige dabei: man braucht keine Öllampen, kein Licht. Die Erhellung, die durch die Augenscheinlichkeit von selber eintritt, ist keine physische Helligkeit, sondern eine im Körperbild, das auch ein körperbezogenes kathartisches ‚Durchrieseln' sein kann.[12]

Es ist ein Unsinn zu glauben, man müsste in einer Meditation so etwas ‚sehen', Lichtpunkte wie Sterne zum

---

[12] Dolto, F., Das unbewusste Bild des Körpers, Quadriga (1999)

Beispiel. Sie nennen diese Erfahrung dann das ‚Astrale‘.
Doch das ist ein Umweg und eine Verzettelung im Bildhaften. Psychoanalytisch gesehen ist das ‚Astrale‘ eine Art der
Übertragung (eidetische oder archaische Übertragung), die
aufgelöst werden muss.[13] Es genügt schon das eigene Körperbild lediglich in seinem Spiegelungspunkt wahrzuneh-
men, als das bildhafte Konzentrat des eigenen Körpers —
oder sollte man besser sagen als das innere Gespür, der ‚inner touch‘, das Könästhetische (eine vertiefte Eigenwahr-
nehmung)?[14] Die Adepten esoterischer Methoden speku-
lieren dann mit den psychischen Bedeutungen der einzelnen Farben. Aber wozu? Die körperbezogene Katharsis,
der ‚inner touch‘ genügt, wenn er in einem wissenschaftlich gesicherten Rahmen erfasst wird.

Selbst bei der psychoanalytischen Traumdeutung bezieht
man sich nicht so sehr auf das Bildhafte, sondern mehr auf
das, was im Traum gesagt wird oder was der Träumer an
Assoziationen dazu beiträgt. Man muss auf seine andere
Seite gelangen, wo der Blick wesentlich Katharsis ist, Geometrie der Entspannung, Linien der Befreiung,

---

[13] In der Psychoanalyse überträgt der Patient inadäquate Bedeutungen aus vergangenen oder anderen Beziehungen auf den
Therapeuten, die dieser interpretieren und damit auflösen
muss.

[14] Man muss sich vorstellen, dass das Großhirn ein Konkavspiegel ist, dessen Strahlen sich etwa in der Höhe der Augen-
nervkreuzung treffen. Mystiker haben früher vom ‚dritten Auge‘
gesprochen, doch mit dem Auge hat es nichts zu tun. Es handelt
sich um einen ‚zweiten Blick‘, um die Augenscheinlichkeit, die
eben auch körperhaft als ein ‚Durchrieselungsgefühl‘, als ‚inner
touch‘ erfahren werden kann. Mehr ist nicht nötig.

Erneuerung des Körperbildes, des *Erscheinungs-Wirkenden,* von wo aus auch das *Wort-Wirkende* in Zusammenhang gebracht werden kann. ‚Astralwelten', Erinnerungsbilder, Visionen sind also nicht notwendig.

Das Lichthafte oder das ‚Durchrieseln' des Körperbildes, das Durchdringen des Spiegelungspunktes, genügt. Es hat eine Verwandtschaft zu dem Durchrieseln bei einem bewegenden Musikstück, und auch Vorstellungen von topologisch sich durchwindenden Flächen oder künstlerischer Darstellung können genauso dazu beitragen, sich körperbildlich zu erfahren. Was immer ein Maler darstellt, in seinem Bild ist stets noch eine zweite Darstellung mit enthalten, etwas Semantisches, Demiurgisches, Mathematisches, weshalb der Maler C. Matta von der ‚mathematic sensible' seiner Bilder sprach, von einem gefühlten Rechnen. Das Es *Strahlt* und *Spricht* müssen immer in eine gelungene, reife, psychisch ‚objektbezogene' Zusammenführung gebracht werden.

4. Madeira

Madeira ist speziell für seine Levada-Wanderungen bekannt. Bei den Levadas handelt es sich um gemauerte Wasserrinnen, lange, schmale Aquädukte, die relativ waagrecht um die Höhenzüge gelegt sind, und an denen man ohne viel Anstrengung entlang gehen kann. Aber im Nordosten der Insel gibt es ein langgestrecktes karstiges Gebiet, das ein paar Kilometer ins Meer hinausragt und ein anspruchsvolleres Wandern verspricht. Ein steiniger, oft stufiger Weg, einige Anhöhen hinauf und wieder hinunter, am Ende eine Plattform, von der man bis zum letzten Zipfel dieses Areals blicken kann. Hin und zurück gute drei Stunden, zwischendurch immer wieder Ausblicke auf faszinierende Steilküsten, senkrecht abfallende Wände, die unten vom blauen, gischtigen Wasser umtost sind. Im Norden Gran Canarias und an den Cliffs of Moher in Irland und sicher noch an hundert Stellen anderswo zeigen sich ähnliche beeindruckende Phänomene.

Es gibt Schriftsteller, die diese gigantischen Felsformationen als die aus der Tiefe des Meeres auftauchende Stirne eines großen archaischen Denkers bezeichnet und darüber blödsinnig schwärmerische Bemerkungen gemacht haben. Dabei ist der Moment des wuchtigen, tonnenschweren felsigen Eindrucks nur schrecklich kurz. Das Auge hat sich sofort daran gewöhnt, genießt kurz den Blick und kehrt sich wieder ab. Ein Flash, der für ein paar Augenblicke die Seele zum ‚Fels in der Brandung' aufrichtet. Man muss weitergehen. Auch hier also zählt vorwiegend das Fitnesstraining und das Gefühl, wiederum eine steinige Wanderung gemacht zu haben, die wegen ihrer Kargheit fasziniert und auch in der Seele eine entsprechende Schlichtheit und den angemessenen Stolz der senkrechten Wände aufkommen lässt.

Lange bevor ich in Madeira war, träumte ich vom dortigen Frühling. Ich hatte Bilder von unaussprechlich üppiger Blütenpracht gesehen und mir auch eingebildet, dass es dort noch kaum Tourismus gibt. Man ist mitten im Atlantik, dachte ich mir, einsam und abgelegen und sieht die Welt noch einmal so, wie sie in Kindertagen war. Vor siebzig Jahren erlebte ich nämlich noch üppige Blumenwiesen, wo nicht nur Löwenzahn wuchs so wie heute, sondern auch Glockenblumen, Adonisröschen, Primeln, Margeriten, Wegwarte, Ranunkeln, Kornblumen, Hufeisenklee, Ehrenpreis und Lythrum salicaria (Blutweiderich, den ich wegen seiner klingenden lateinischen Bezeichnung nennen möchte). Schon bei der Erinnerung an all diese Farben und Namen stellt sich leicht wieder eines dieser Wortspiegelungen ein, die der Katharsis und der Selbstdeutung dienen. Doch das moderne Madeira erfüllte diese Träume vom Frühling und der Abgelegenheit nicht mehr so richtig.

Der Arzt und Psychologe Carl Albrecht hat Mitte des letzten Jahrhunderts eine rational kritische Methode der Selbstanalyse entworfen und jahrelang selbstdeutend praktiziert. Er übte sich in dem Verfahren des In-Sich-Hineinhörens durch Abschalten von Alltagsgedanken und Konzentration auf einen von innen kommenden, ausschließlich wortbezogenen Begriff.[15] Es sollte also von innen ein bereits festes ganzes und auch ethisch bedeutendes Wort kommen. Er versuchte gleichzeitig die ihm zukommenden Worte rational zu prüfen, um ihnen eine ‚echte' und profunde Wertung in dieser ganzheitlichen und ethischen Richtung geben zu können. Das klingt alles meinem eigenen Verfahren ähnlich, und ist doch in vieler Hinsicht ganz anders.

Bei C. Albrechts Technik des in sich Hineinhörens auf das von innen kommende mystische Wort, also eines kontemplativen in sich Hineinlauschens, spürt man sofort, dass sich ihm durch die ‚mystisch ankommenden Worte' nicht ein wirklich neues, reales Wissen aufdrängt, sondern dass es ein Wissen ist, das er – Freud würde sagen: im Vorbewussten – bereits hat. Die ‚mystischen' Eingebungen wirken nämlich wie Gedichte, die stets etwas dunkel Erhabenes an sich haben wie "Urherz", oder "Oh Stein" oder "Licht". Albrechts Worte wiederholen eine feste Pathetik und wecken auch Erinnerungen ans Altdeutsche, an etwas also, das er schon von irgendwoher kennt, z. B. von theosophischer Dichtung oder religiösen Anspielungen her. Er verdrängt etwas, er ist schon zu bewusst in seinem Wissen, dass seine „ankommenden Worte" etwas Elegisches beinhalten werden und spricht dies dann nur noch aus. Ihm fehlt

---

[15] Albrecht, C., Das Mystische Wort, (1951) S. 185

der Freud´sche oder auch der Sokratische Eros, irgendetwas traut sich in ihm keine gewagteren Behauptungen zu, und so liest sich sein Daimonion (Sokrates innere Stimme) wie religiöse Lyrik.

Eine wirklich konkrete oder gar mutige Aussage, ein Wissen aus dem Unbewussten, das neu, erschreckend oder treffend wäre, weil auf Platons ‚göttlichen Wahnsinn' zielend oder auf etwas, das man an die Menschen als neu, revolutionierend weitergeben könnte, kommt bei Albrecht nicht zustande. Es ist wie mit vielen ‚medialen' Methoden, wo das Medium die Botschaft nur aus dem ihm schon vertrauten Vorbewussten holt, nicht wirklich aus dem Unbewussten, aus der leeren Dunkel, vom *Anderen* her. Warum sollte sich eine Botschaft aus dem Unbewussten unserer fertigen Sprache bedienen, ist es nicht naheliegender, dass man sich zuerst einmal durch etwas Unverständliches hindurcharbeiten, und es dann erst entziffern muss? Trotzdem war Albrechts Versuch mutig und interessant.

Ich mache vielleicht in seinen Spuren weiter und versuche dabei etwas wissenschaftlicher vorzugehen. Mein ‚teetrunken' ist ja etwas unverständlich, aber doch nicht so paradox wie die Träume, die Freud deuten musste und auch nicht so hochtrabend und vorbeeinflusst wie Albrechts Mystik. Da ich ‚teetrunken' auch gleich als eigene unbewusst gedankliche Produktion erkennen konnte, musste ich damit nicht noch zu einem Analytiker gehen, der mit mir die passende Interpretation bespricht. Vielleicht hätte er mir gedeutet, dass ‚teetrunken' nicht weit entfernt ist von der Trunkenheit des Kleinkindes nach der Mutterbrust. Doch das weiß ich auch so, da ist sicher ein bisschen was dran, denn irgendein kleiner Rest der Mutterimago bleibt einem angeblich immer, ist doch die Matrix (mater) des Traums stets von einer psychisch abgespaltenen Erinnerung an sie begleitet.

Beim ‚trunken' steckt ein Begehren dahinter, und das ist ja etwas anderes als durstig, hinter dem ein Bedürfnis steht. Das am tiefsten versteckte Begehren zeigt sich im Verschmelzungsphantasma, der Ursehnsucht nach der Wiedervereinigung mit der frühen Mutterimago oder gar der nach dem Verlust des ersten eigenen, großen Körperteils in Form der Plazenta, die kindliches Gewebe ist. Doch eine wirkliche Verschmelzung gibt es nirgendwo, auch Metalle verschmelzen nicht und Seelen genauso wenig. Es handelt sich um ein Assimilierungs- oder Sterbe-Phantasma. Ich werde aber noch etwas von dem Leben im Sterbevorgang schildern, den Neurowissenschaftler belegt haben, indem noch Stunden nach dem mit modernsten medizinischen Methoden festgestellten Tod, Gehirnaktivitäten nachweisbar waren.[16]

Für den nächsten Tag hatte ich eine ausgedehnte Levadawanderung geplant, vielleicht höre, erfahre ich dann etwas tief Seelenverwandtes. Schließlich ist hier wenigstens klimatisch bereits Frühling, es ist schon richtig warm, „die Amseln haben Sonne getrunken", wie es M. Dauthendey gedichtet hat, und „der Erde wachsen die großen Flügel", die einen weg- und emportragen werden. Es riecht nach frischem Moos, nach Blütenpflanzen und nach den Mühen, die sich die Menschen mit dem Bau dieser Wasserleitungen gemacht haben, ähnlich wie die Römer mit ihren

---

[16] Albrecht, J., Brendler, M., Bericht in der FAS vom 21. 4. 2019, S. 53 über den Neurologen N. Sestan.

Aquädukten. Heute würde man ein paar Rohre oder Fertig-
teile aus Kunststoff verlegen, und die Sache hätte sich.
Manchmal führt der Wasserkanal auch auf nassen, schmalen Wegen durch lange Tunnel, wo man leicht abrutschen
kann wie bei Dantes Weg in die Hölle.

Aber im Mittelalter war die Hölle gar nicht so schrecklich
und düster, sondern sah so aus, wie man es heute in porno-
graphischen Bildern oder Filmchen auch sehen kann. Als
Beispiel kann der Dom von Orvieto dienen, in dem der Maler Signorelli die Hölle dargestellt hat als eine Orgie von
dunklen nackten Männern, die wilde, vollbusige Frauen
traktieren und Späße mit ihnen treiben. Einer hat sogar Flügel, hat sich eine derartige Gespielin auf den Rücken gela-
den und fliegt mit ihr wahrscheinlich zu einem entlegenen
Platz, wo er dann so richtig alles mit ihr machen kann, was
er sich vorstellt. Offensichtlich hatte Signorelli und seine
Zeit noch nichts von Perversionen gelesen, denn dann hätte
er die Hölle als ein völliges verlorenes Dasein in kahlen
Kellern und kalten Verließen gemalt, in denen Ratten her-
umlaufen und modrige Feuchtigkeit herrscht.

Abgesehen von diesen engen, niedrigen Levadatunneln ist
Madeira das für den Straßenverkehr bestdurchtunneltste
Land, das es gibt. Wo man früher drei Tage zur Umrundung
der Insel brauchte, gelingt dies heute dank reichlicher EU-
Gelder durch ca. dreißig moderne Autobahntunnel in sechs
Stunden. Bei uns wird Jahre um einen ein bis zwei Kilometer langen Tunnel gestritten, zu teuer. Der findige Bürger-
meister von Funchal hat es in wesentlich kürzerer Zeit geschafft. Die Romantik der Blüteninsel ist also auch dadurch
verschwunden, nur in Funchals Jardim Botanico kann man
sie noch bewundern. In dessen süßlichen, zu vielen und zu

bunten Farben und zusammengedrängten Blumen und Pflanzen zu schwelgen ist vielleicht wiederum eher kitschig und banal. Ich erinnere mich an eine Wanderung durch den Monteverde Regen- und Nebelwald Costa Ricas. Es gab dort fast nur Grüntöne, dunkles, helles, chromoxid-, oliv-, smaragd- und moosgrünes Blattwerk.

Fast nur, denn mit einem Mal tauchte ein tiefrot blühender ‚Fackelingwer' auf oder eine ‚Helikonie', auch sie dunkelrot. So etwas Gegensätzliches, ein einziges verstecktes und dann doch sich plötzlich exhibitionierendes Rot inmitten der grünen Hölle, wirkt inspirierend. Dieses Rot hat sich in Jahrtausenden einmal gegen die grüne Vorherrschaft der wuchernden Regenwaldpflanzen durchsetzen können, die selbst schon seit Millionen Jahren so bestehen. In solch einem Moment kehrt man unwillkürlich in zum Dschungel in sich selbst, zur eigenen Frühzeit oder der verschütteten Bilder und Gedanken zurück, um sich von dort aus zu erneut erheben zu können.

Manchmal sind die tief verschütteten oder verdrängten Gedanken – und dazu sollte man stehen – auch ‚niedrige' Gedanken, die man bei sich nicht mag. Aber mehr denn je ist es notwendig gerade diese Gedanken kurz bewusst werden zu lassen, um sie danach, mit ein bisschen psychoanalytischer Mitbehandlung, in die Helikonie der besseren Gedanken zu verwandeln. ‚Niedrige' Gedanken fangen erst bei Mord-, Vergewaltigungs- oder Suizidabsichten an, vorher ist nichts ‚niedrig' (es sei denn es ist dumm).

Noch aufregender als das Rot der Helikonie stellt in Costa Rica das verborgene Leben des Quetzals dar. Der papageienähnliche, fantastisch farbgefiederte Vogel ist das

Wappentier des Landes. Ich kannte Ornithologen, die extra seinetwegen für zwei Wochen nach Costa Rica fuhren und ihn nicht gesehen haben. Doch ich hatte Glück. Ein paar Japaner, die bekanntlich fototechnisch ausgerüstet sind wie eine ganze Filmcrew, starrten gestikulierend in die Wipfel und tatsächlich – ein Quetzalpärchen saß in den oberen Ästen eines von Epiphyten umwachsenen Baumes. Schön anzuschauen, durchaus faszinierend, aber ist es nicht ein bisschen übertrieben, wenn man extra nur dafür tausende Kilometer fahren muss, was man auch bei uns im Zoo sehen könnte? Zur erwähnten Reiseritis kommt hier auch noch der magische Attraktor hinzu wie die Mona Lisa in Paris, das Grabtuch in Turin oder die Halongbucht in Vietnam, wo sich so viele Ausflugsschiffe tummeln, dass man die Berge gar nicht mehr sieht, um die es eigentlich geht. Muss man sich auch heute noch unbedingt diese Attraktoren ansehen, wo doch klar ist, dass dieses kleine Rot inmitten des überherrschenden Grüns der eigentliche Attraktor ist.

Was die Farbtheorie angeht, die in dem Kontrast von Dunkelgrün und Purpurrot der Helikonie zur Erscheinung kommt, verweise ich auf die In- und Expressionisten, die Pastelltöne verwendet haben und dann plötzlich eine dominierende kräftige Farbe oder gar schrille Farbgegensätze nebeneinander stellten. Und bei den verschiedenen Rottönen des Malers R. Geiger ist nicht zu übersehen, dass gerade die sehr nahe beieinander liegenden roten Farbstufen eine besondere Anziehung auslösen. Noch besser wirken natürlich M. Rothkos fast schmutzig-graufarbig verwaschene Rechtecke, die am besten von allem, was es in der Malerei gibt, zum Meditieren anregen. Schaut man nur lange genug hin, fängt der Schmutz an zu leuchten.

Durch ihre enorme Erschließung und freilich auch durch den stets weiter zunehmenden Tourismus (Massentourismus kann man nicht sagen, ist man doch selber einer in diesen Massen) ist Madeira also keine Insel der wahren Kontemplation mehr. Man kann es höchstens damit begründen, dass viele nicht nur mit dem Flugzeug kommen, sondern jeden Tag auch ein anderes Kreuzfahrtschiff, ein Cruise-Liner, hier anlegt. Die Leute werden einen Tag lang auf die Insel geschwemmt, dann geht´s – nach dreimaligem lauten Getröte – wieder weiter. Weit oberhalb der Hauptstadt Funchal gibt es das schöne Choupana Hills Hotel, von deren oberstem Bungalow man abends die Millionen Lichter der Stadt funkeln sehen kann. Die Levada dos Tornos geht direkt durch den unteren Hotelgarten hindurch und ist die schönste, weil gemütlichste, längste und von der Vegetation vielfältigste Wasserwanderung.[17]

Damit bin ich doch wieder beim Schwärmen gelandet, dem ich genauso wie der Überflutung durch zu viel nebensächliche Information und bildhafte Eindrücke ausweichen möchte. Der Künstler reduziert die Bilderflut im Kopf, indem er sich einen eigenen ‚Stil', einen gelungenen Form-Farb-Kodex erarbeitet und so wiedererinnert. V. van Goghs Strichtechnik, O. Schlemmers Rundköpfe, Kirchners leicht schrille Farbmethodik lassen den Künstler an seinen Werken sofort erkennen, und er selbst läuft nicht Gefahr, durch zu viele, verschiedene Techniken und Stile verrückt zu werden. Der Künstler nimmt sich, was dieses Feld, das des

---

[17] In dieser Neuauflage will ich anfügen, dass die gesamte Hotelanlage und Umgebung 2016 verheerenden Waldbränden zum Opfer fiel.

Visuellen, Bildhaften, *Erscheinungs-Wirkenden* angeht, aber er bleibt dabei stark und betont kreativ bei sich. Der bekannte Soziologe Bourdieu beschrieb auch für das gesellschaftliche Sein eines jeden solch einen ‚Stil‘, ein Persönlichkeitsmerkmal, das er ‚Habitus‘ nannte.[18]

Meiner Ansicht nach gilt dies auch für Freuds Begriff der ‚Ur-Verdrängung‘ oder für das Diffuse des Körperbilds, der Körperbilder und auch für das *Erscheinungs-Wirkende, das Strahlt.* Die Ur-Verdrängung ist die erste Verdrängung, meist auch die effektivste, Freud heißt sie auch eine „psychische Gegenbesetzung" (etwas wird leidenschaftlich verdrängt). Die französische Psychoanalytikerin F. Dolto unterschied das dynamische, erotische und basale Körperbild. Damit kommt sie dem Bild des corps morcelée, des ‚zerstückelten Körpers‘, nahe, was dem Wirken dieser ersten Körperbilder entspricht. Der corps morcelée ist kein real zerstückelter Körper, sondern einer im Feld des *Strahlt/Spricht.*

Das Kleinkind erfährt sich anfänglich nämlich – weitgehend unbewusst – wie psychisch ‚zerstückelt‘, es kann sich nur für Momente einheitlich wahrnehmen. D. h. das Kind erlebt schwerpunktmäßig mal das eine, mal das andere Körperbild und kann noch nicht alle einheitlich zusammenfassen. Es ist wirklich noch vollkommen drei- und mehrteilig. So orientierungslos könnte es nicht überleben, wenn es nicht in der Mutter eine Bezugsperson gäbe, die die weitere Ichentwicklung – erst einmal zumindest – im Sinne des inneren psychischen ‚Objekts‘ (Brust der Mutter oder ihren

---

[18] Bourdieu, P., Die feinen Unterschiede, Kritik der gesellschaftlichen Urteilskraft, suhrkamp wissenschaft (1987)

Blick, den der Psychoanalytiker H. Kohut den ‚Glanz im Mutterauge' nannte) ermöglicht.

Kurzgefasst geht es in Psychoanalyse und Meditation um das Gleiche. Es gibt diese diffuse imaginär-reale Ordnung, in der das Kind sich anfangs befindet. D. h. es befindet sich wie in einer autistischen Phase, in der die ‚Wahrnehmungs-identität', das *Erscheinungs-Wirkende* vorherrscht und Un-erträgliches ur-verdrängt wird. Man war mit einem charak-teristischen Zug der Mutter identisch und konnte so eine Körperbeherrschung antizipieren, die man so richtig noch gar nicht hatte. Man hatte eben noch keinen Bour-dieu'schen Habitus, man war noch neurotisch, unbewusst in sich gespalten. Erst mit dem Aufkommen der ‚Denk-identität', mit der sprachlichen Beherrschung der Welt, konnte man der werden, von dem manche Leute sagen: ‚sie sind der sie sind', Bourdieus Habitus.

Indem man Worte hat, mit denen sprachlich-gedanklich umgegangen werden kann, erreicht man ‚Denkidentität', *Wort-Wirkendes*, symbolisch-reale Ordnung. Doch auch diese Ordnung, das erlebt man jeden Tag, ist für sich alleine nicht ausreichend, um gut und wahrhaft leben zu können. Man muss zu den imaginär-realen Anfängen zurück, was in Psychoanalyse und Meditation Regression genannt wird. Aber man geht nicht ganz zurück, nur soweit, dass man das Frühere erfassen, ergreifen kann, um mit dieser greifenden Hand die eigene Geschichte neu schreiben zu können. Das nennt man dann Progression. Damit wird eine dritte Ord-nungsebene erreicht, die Wittgenstein eben das ‚Trialogi-sche' nennt. Wie dies genau in Psychoanalyse und Medita-tion aussieht, werde ich im Folgenden immer wieder erör-tern.

5. Bali – Gunung Batur

Wenn man auf der Insel Bali von Westen her zum Batur See kommt, gibt es gleich am Anfang des Sees ein bescheidenes Hotel. Zu meiner Zeit gab es nur Zimmer mit Gemeinschaftstoiletten, und der Hotelier beschwatzte einen, dass man für die Besteigung des Vulkans Gunung Batur unbedingt einen Führer nehmen müsse. Die üblichen Reiseführer in Buchform zeigten zwar die Route an, aber sie beschrieben einen mühsamen Aufstieg von vier Stunden über die Südflanke, wobei man noch ein langes Stück im Flachland hätte gehen müssen. Man sollte auch um vier Uhr früh aufstehen, um den Sonnenaufgang zu erleben. Ich glaube, dass das Hotel noch existiert, aber in der Nähe gibt es jetzt wie überall auch die Luxusklitschen mit großem Pool, Bar und Nepp.

Irgendwo beschrieb jemand, man könne auch von Osten her aufsteigen, dann seien es nur zwei Stunden, aber genaue Angaben gab es nicht. Ich nahm aus diesem Grund dann doch einen Führer und erklärte ihm die Ostroute, die er zwar noch nicht gegangen war, aber von der er sich sicher war, sie zu finden. Man musste bis ans Ende des Sees fahren, dann, in einem schmuddeligen aber Original-Bali-Dorf nach links nach Norden abbiegen. Hier erwies sich der Führer schon deswegen als nützlich, weil er immer wieder nach dem Weg fragte, der erneut nach links abbiegen musste und auf den Vulkan führte. Tatsächlich fanden wir diesen Weg, ließen das Auto irgendwo auf dem Lava-Geröll stehen und wanderten hinauf. Nach weniger als zwei Stunden waren wir oben, wo schon ein paar Jungs mit Wasser- und Colaflaschen standen. Es gab aber auch heißen

Tee, der mit etwas Ingwer versetzt war. Das kam dem ‚tee-trunken' schon sehr nahe, denn der Ingwer verleiht dem üblichen schwarzen Tee noch eine kräftigende Note.

Viele bieten den Ingwer ohne den schwarzen Tee als Hintergrund an und brühen nur ein paar Ingwer-Stücke im heißen Wasser auf. Auch das ist nicht schlecht, aber der richtige Ingwer-Tee belebt um einiges mehr. Man muss natürlich die Schärfe mögen, was in asiatischen Ländern ohnehin der Brauch ist. Zudem wird ja oft behauptet, dass Ingwer als Naturheilmittel für alle möglichen Krankheiten dient oder dienen soll. Ich bin jedoch der Ansicht, dass die Heilwirkung von dem Rahmen der Zeremonie gestützt wird, die bei Teezubereitungen immer eine große Rolle spielt. Einen guten Tee trinkt man stets nur mit Bewusstheit und Hingabe. Zeremonielle Teerituale halte ich für zwanghaft.

Vom Gunung Batur aus sieht man in der Ferne – sich stolz erhebend – den Gunung Agung, den höchsten Vulkan Balis. Aber es wäre ein zwei bis drei Tagestrip gewesen, dort aufzusteigen. Der Gunung Batur tut es auch, wenn man ein Gipfelerlebnis braucht, um zu Hause davon erzählen zu können. Zweihundert Meter westlich rauchte ein kleiner Gipfel, so dass es auch nicht am echten Vulkangefühl fehlte. Ganz Verrückte gehen ja auf den Erta Ale in Äthiopien. Das spitze Lavagestein ist schon bei der Anfahrt mühsam, das tief gesenkte Umland (Danakil Senke) glühend heiß, und die Gegend auch wegen radikaler Muslime und Banditen gefährlich. 2013 wurden fünf Touristen erschossen. Der Blick in die brodelnde Masse des Vulkans sei aber einzigartig, doch auf dem Gunung Batur reicht es auch, und man wird nicht erschossen.

Inzwischen bin ich nicht mehr so reiselustig. Ich habe mich ja selber auch dieser Poriomanie schuldig gemacht. Auch das Vulkanerlebnis, das man bei der Besteigung des Poás (Costa Rica) oder auf dem Vesuv haben kann, könnte man sich auch in der Eifel holen. Dort sind Schichtungen durch die Vulkangesteine, geologische Vielfalten, Geysire und einmalige geologische Modelle zu sehen. Auf dem Poás war ich alleine und Nebel versperrte die Sicht in die Caldera, und auf dem Vesuv das Gegenteil: hunderte von Leuten, aber die Sicht in den Krater ist nicht aufregend. Erneut frage ich mich: Für was macht man dies alles? Der Zwang, einen Vulkan zu besteigen, hat vielleicht mit der Sensationslust zu tun, wie Menschen durch einen Ausbruch gestorben sind. Vulkanismus ist die Lust am Tod. Dies beweisen nicht nur die ständigen Ausstellungen über den Untergang Pompeis, sondern am besten die Geschichte des Philosophen Empedokles, der sich – nicht nur um sein

Leben zu beenden, sondern auch um seine Philosophie damit zu krönen – in den Ätna gestürzt haben soll.[19]

Freud hielt Bergsteigen für eine Ersatzbefriedigung. Dem Gipfelstürmer wäre die Eroberung einer Frau lieber gewesen, meint er. Doch in Bali sucht man die tropische Leichtigkeit, auch wenn man nicht mehr – ich werde wieder zum Jammerer des Ewig-Gestrig-Besseren – das Natur- und Eros Erleben des deutschen Malers und Musikers W. Spieß genießen wird. Spieß machte Ende der zwanziger und während der dreißiger Jahre des letzten Jahrhunderts auf Bali Furore. Der Sultan von Yogyakarta hatte ihn als großen Künstler zu sich geholt. Sein Haus in Ubud wurde in dieser Zeit zum kulturellen Zentrum der Insel. Künstler, Musiker, Schriftsteller und Schauspieler aus aller Welt waren bei ihm zu Gast. Es gab noch keine Touristen und Bali war noch der glanzvolle, voller Tropengeheimnisse und erotischer Atmosphäre steckende Traum aller Asienfreaks. Mit dem Kriegseintritt und wegen seiner Homosexualität ausgewiesen starb Spieß 1942 bei dem Untergang durch japanischen Beschuss des Schiffes, das ihn zurück nach Deutschland bringen sollte.

Spieß hat Malerei und die Gamelan Musik der Balinesen bis heute beeinflusst. Seine annährend zwanzig dort gelebten Jahre muss man sich wie ein Märchen von mehr als tausend-und-einer Nacht vorstellen. Die Wälder voll

---

[19] Angeblich verlor er seinen Glauben, weil er sich einen Gott, der nicht auch hassen kann, nicht vorstellen konnte, doch ganz ohne Gott wollte er auch nicht leben. Da er diesen Zwiespalt nicht lösen konnte, brachte er sich auf die geschilderte Weise um.

exotischer Früchte, die Hügel voll grüner Reisterrassen, die leicht bekleideten Menschen voll Liebesmystik. Und da fahren wir Idioten heute hin, wo fast nichts mehr davon zu sehen, zu spüren und schon gar nicht zu meditieren ist. Ein klein wenig von diesem ehemaligen Flair erhascht man gerade noch in der dschungelumwucherten Region um Ubud. Die Küstenorte dagegen sind von Spaniens Benidorm angefangen bis hierher völlig die gleichen. Zum Einstieg in die kontemplative Versenkung scheint ein Ambiente wie ein nach dunklem Blattgrün duftender Regenwald gut zu sein, aber länger dort sitzen und meditieren, ist eher ungemütlich. Mücken, Kriech- und Krabbeltiere können einen stören. Deswegen haben sich die besten Meditationen immer schon in der Wüste ereignet.

Ich nähere mich damit dem Zentralthema: wie kann man Meditation gut, und das heißt wissenschaftlich begründen. Ich habe doch Wittgensteins Z-Achse, die Achse des ‚Sagens‘, auf der der Gegensatz ‚männlich-weiblich‘ eingetragen war, der Wissenschaft zugeordnet. Nun denkt man bei ‚männlich-weiblich‘ in erster Linie an die Liebe, und wie soll diese mit der Wissenschaft zusammengehen? Lacan behauptet: „Eine gute Sexualtechnik ist eine primitive Wissenschaft“.[20] Dabei muss man gewiss nicht stehen bleiben, denn wenn, dann soll es hier nicht um eine primitive, sondern um eine elaborierte Wissenschaft gehen. Außerdem muss eine Sexualtechnik nichts mit Liebe zu tun haben, und auch die Vokabel „gut“ im oben zitierten Satz mag über die Problematik der Z-Achse hinwegtäuschen. Was man aber tun kann, ist, von einer ‚der Liebe unterstellten

---

[20] Lacan, J., Schriften II, Walter (1980) S. 22

Wissenschaft' zu reden. Üblicherweise ist die Wissenschaft Sach- oder Begriffszusammenhängen unterstellt. Kommen aber besonders subjektbezogene Aspekte mit ins Spiel, muss man anders vorgehen.

Ein Beispiel für diese ‚der Liebe unterstellte Wissenschaft' oder der Wissenschaft v o m Subjekt, sind z. B. die Frühmenschen wie die Neandertaler. Wir haben von ihnen nur ein paar Knochen und auch das genetische Muster ist bekannt. Aber was kann man daraus bezüglich ihres Lebens, ihrer Art zu denken und zu sprechen erfahren? Viel zu wenig sagt der Neandertalerforscher T. Appleton und meint daher, dass wir nur mit ‚Liebe' den Neandertaler verstehen können. Wir müssen ihn lieben, jede Wissenschaft versagt hier. Wir müssen einfach zur ‚Liebe' als Ausdruck vollkommener Sympathie, Neugier, ja Identifikation, zurückkehren, um überhaupt ein bisschen von diesen Frühmenschen zu erfühlen und zu erkennen. „Wir haben keinen Grund, uns über die Neandertaler zu erheben", schreibt Appleton. „Der amerikanische Anthropologe Milford Wolpoff sagt, er sehe einen Neandertaler jeden Tag – wenn er in den Spiegel blicke." [21]

Und weiter: „Man hat diese Aussage als Witz gewertet. In Wirklichkeit zeigt sich darin ein tiefer philosophischer Ernst, eine Bereitschaft, dem Neandertaler mit Liebe zu begegnen. . . . Das Wort Liebe ist keine paläoanthropologische Kategorie und klingt in diesem Zusammenhang verdächtig nach Esoterik. . . Doch dem Neandertal-Menschen mit Liebe zu begegnen bedeutet einfach, sich einer

---

[21] Appleton, T., Warum verschwanden die Neandertaler? Heyne (1999) S. 30

kognitiven Erfahrungsmöglichkeit zu bedienen, die bisher noch nicht ausreichend genutzt worden ist".

Liebe ist so gesehen der wichtigste Signifikant, den es für eine Wissenschaft, die ohne oder nur mit wenigen Objekten auskommen muss, gibt. Denn dieser Begriff von Liebe ist nicht allein mit einem Gefühl erfasst. Sicher ist er auch nicht in delirierenden ‚spirituellen' Hochgesängen zu begreifen, nicht im Verliebtsein und nicht in der ethisch hochgehobenen Anstands- oder Nächstenliebe. Wenn wir zur Menschentstehung zurückwollen, bedarf es tatsächlich eines großen Maßes an Liebe als Erkenntniskategorie, als ‚kognitiver Erfahrungsmöglichkeit'. Appleton hat recht, dass hier eine Kategorie in der ihr selbst zustehenden Weise eingeführt werden muss, um im eigentlichen Sinne die Wissenschaft der Paläoanthropologie zu betreiben. Dies kann nicht eine nur der szientistischen Neugier und der Reduzierung aufs Objekt, auf die nüchterne Sache bezogene Wissenschaft sein. Es muss eine der liebevollen Neugier und Zugewandtheit zum Subjekt unterstellte Wissenschaft sein. Eine intime Berufung. Ein ereignisreiches „Sagen ohne Unebenheiten, (sans bavures) ohne Kratzer.[22]

Schon S. Freud hat hier Vorarbeit geleistet, wenn auch nur in sehr akademischer und etwas hölzerner Form. Er meinte, dass man die Liebe als Zusammenhalt oder Gleichgewicht, zwischen ‚Ichlibido und Objektlibido' verstehen müsse,[23] wobei unter Libido die psychische Lust-Energie der Eros-Lebens-Triebe verstanden wird, die sich eben aufs Ich und auch auf die Objekte richten kann. Es muss da also eine

[22] Lacan, J., Seminaire XXI, Vortrag vom 18. 12. 1973
[23] Freud, S., GW, Bd. XII S. 6

gute Mischung geben zwischen der Liebe zum eigenen Ich und der zu den ‚Objekten' (zu denen auch Menschen in objektartiger Erfassung gehören können), auch wenn Freuds Definition noch recht abstrakt und nüchtern daherkommt. Doch es geht um den Versuch, auch dem Wissenschaftler zu ermöglichen, ein Wort zum Thema Liebe abgeben zu können.

Jedenfalls kommen wir somit langsam dem ‚Sagen' (wenn auch noch mit Kratzern) näher, der Z-Achse ‚männlich / weiblich'. Auch zwischen männlich und weiblich muss man als Erkenntniskategorie die Liebe wählen – hier noch dazu in ihrer Form als ein umfassendes ‚Sagen', wie sollte man sonst wissenschaftlich die Beziehung zwischen diesen beiden begründen. Die Psychoanalyse ist dafür ein gutes Beispiel, denn sie benutzt für ihren Wissenschaftsrahmen den Begriff der Übertragungsliebe. Der Patient überträgt wie schon betont in positiver, zugewandter Weise Aspekte und Bedeutungen aus früheren oder anders gearteten Beziehungen auf den Therapeuten.

Obwohl damit die Beziehung zum Therapeuten völlig inadäquat gestaltet wird, muss der Therapeut doch ebenso viel Liebe aufbringen, um dem allen mit Geduld zuzuhören und seine eigene Seele zur Verfügung stellen (Lacan meinte, er müsse sich seelisch prostituieren, dabei aber prüde bleiben). Schließlich gibt es keinen Bezug zur irgendeiner objektiven Realität, sondern es existieren nur zwei Subjekte, die sich also begegnen wie der Frühmensch dem Paläoanthropologen. Oder wie ein Extrembergsteiger seinem Berg, dem Fels, begegnet, der ein *Anderer* für ihn ist, ein Dämon, ein erstarrter Gott, dem er sich notfalls opfert. Es geht immer um das gleiche Paradox.

6. Tigernest

Nach Bhutan zu reisen ist schon sehr umständlich und außergewöhnlich. Dennoch ist es das einzige Land, das zu besuchen sich meiner Ansicht nach noch lohnt. Das Land ist erst vor fünfzig Jahren aus seinem mittelalterlichen Traum erwacht und noch nicht ganz vom Schrecken der Moderne eingeholt. Es ist wenig bevölkert und liebt noch seine von Tibet her bestimmte buddhistische Religion, seine Mönche, seine Klöster, Dzongs (Festungen) und Chorten. Und es liebt auch noch seinen König, obwohl dieser (bzw. noch dessen Vater) sein Volk gezwungen hat, die parlamentarische Demokratie gegen den Willen der meisten Menschen dort einzuführen. Es besteht fast nur aus Bergland und sehr schmalen Tälern, so dass man meistens auf den mittleren Höhen von 1500 bis 3000 Metern lebt.

Der tibetische Guru Rimpoche soll im achten Jahrhundert auf einem Felsvorsprung siebenhundert Meter über dem Parotal und damit in der Höhe von über dreitausend Metern meditiert haben.[24] So etwas muss wirklich noch ein großes, über die gewöhnlichen Ereignisse (modern gesagt: über die Alltags-Psycho-logie) hinausragendes Ereignis gewesen sein. Nicht nur, dass der Blick von dort oben grandios ist, auch das Phänomen wie an der riesigen Felswand, die es leicht mit dem El Capitan in den USA aufnehmen kann, zu kleben, muss großartig angemutet haben. Um 1600 kam erneut aus Tibet ein Heiliger, Shabdrung Namgyal, der als

---

[24] Das Tal in dem Paro, die zweitgrößte Stadt und der schwierig anzufliegende Airport Bhutans liegt.

Einiger des modernen Bhutans gilt und das Tigernest-Kloster dort auf dem Felsen errichten ließ. Shabdrung Namgyal

schuf als erster staatliche Strukturen in Bhutan und baute unglaublich viele Klöster und Dzongs. Er starb unbemerkt von der Öffentlichkeit in einer dieser monumentalen Bauten. Man verschwieg dem Volk jahrzehntelang seinen Tod, um die Stabilität im Reich nicht zu gefährden. Andere Mönche übernahmen unbemerkt die Regierung. Für die Tour hinauf zum Tigernest und hinunter braucht man vier bis fünf Stunden. Man sieht das Kloster schon nach über einer Stunde Aufstieg von einem gegenüberliegenden Bergrücken aus, wo es auch eine Teestube gibt. Dann geht es nochmals eine Stunde weiter aufwärts, von wo aus man jedoch stufenartig wieder hinunter und dann erneut hinaufsteigen muss. Wenn man auch heute, im Jahr 2015, noch kaum Touristen in Bhutan trifft, so sind es hier, auf dieser Tour, jedoch viele, denen man begegnet. Denn es ist ein Muss dort hinauf zu gehen, sonst sollte man gar nicht ins Land fahren. Leider gibt es immer solche Verknüpfungen von dürfen, können, müssen und sollen, die freilich nicht für jeden gelten, aber denen man schlecht auskommt.

Meiner Ansicht nach ist Bhutan nicht deswegen ein glückliches Land, weil es einen Glücks-Minister hat. Es ist glücklich, weil sich Tradition und Moderne, Religion und säkularer Staat, arm und reich, Herz und Verstand noch in einer weitgehenden harmonischen Verbundenheit befinden. Statt dem Brutto-Sozial-Produkt spricht man hier nämlich von der ‚Gross-National-Happiness‘, dem Brutto-Glücks-Produkt. Ich denke aber, dass das Glück also von dem gerade so sanft und doch zügig stattfindenden Wandel herkommt. Das Alte ist noch gut da und das Neue auch schon ein bisschen zu haben. So tragen die Männer die Schottenrock ähnliche traditionelle Nationalkleidung des ‚Gho‘, die Frauen die längliche ‚Kira‘. Gleichzeitig telefonieren sie über alle Berge hinweg mit ihren Handys. Eine Verkehrsampel existiert im ganzen Land nicht, die Einzige, die man in der Hauptstadt Thimpu eingeführt hatte, wurde wieder abgeschafft.

Jedenfalls handelt es sich nicht um das, was von westlichen Touristen bezüglich der sogenannten Dritten Welt oft behauptet wird, nämlich, dass sie ‚arm seien, aber glücklich‘. So ein Ausspruch zeigt nur falsches Mitleid oder beweist einen neidvollen Irrtum. Die Bhutanesen sind glücklich und gleichzeitig nicht arm. Dies liegt zum großen Teil auch daran, dass als Relikt aus matriarchalen Zeiten den Frauen Grund und Boden gehören. Das gibt ihnen Sicherheit und Stärke. Sie machen somit etwas aus ihrem Mädchennamen. Und die Religion ist noch stark, lebendig, menschennahe. Man muss also zum Tigernest hinaufgehen, auch wenn man das Wesentliche des Glücks dort nicht mehr so trifft wie einst.

So ist man auch mehr oder weniger gezwungen in Athen auf die Akropolis zu gehen, in London zur Tower Bridge und in Rom zur Fontana di Trevi und zur Spanischen Treppe zu pilgern, obwohl es viel sinnvoller wäre sich die Statue des Moses von Michelangelo in der unscheinbaren Kirche San Pietro in Vincoli anzusehen. Der bodygestylte Power-Prophet mit den ihm fast aus der Hand entgleitenden Gesetzestafeln ist wie ein Teufel gehörnt, doch man hat die Hörner als heilige Strahlen gedeutet. Warum? Er war doch einer von diesen ‚mischievous guys', halbbösen, schlitzohrigen Typen, der einen Mord begangen hat und dann den ‚iron trail' durch den Sinai gewandert ist. Dort begegnete er seinem Vaterkonflikt, dem Konflikt mit der väterlichen Metapher (nämlich was es denn nun wirklich heißt, im vollen Sinne Vater zu sein), und der mit den ziemlich rüden Regeln des strammen Monotheismus auf zwei schweren Steinplatten endete.[25]

Egal, Shabdrung tut's auch, der so hochheilig Verehrte soll mit einem Trick eine Reliquie Buddhas in seinen Besitz

---

[25] Mit dem Konflikt bezüglich der ‚Vatermetapher' beziehe ich mich bei Moses auf seine ‚Dreiteiligkeit' hinsichtlich der Herkunft aus dem Stamm Levi, Einnahme einer Sohnesstelle beim Pharao und schließlich seiner Funktion als Schwiegersohn eines medianitischen Priesters. Diese ‚Dreiteiligkeit' erzeugte eine Spannung, die Moses nur im Finden des alles vereinenden göttlichen Urvaters lösen konnte. Laut Wittgenstein wäre dies die ‚projizierte' Form der Einheitsfindung. Sie hat als jüdischer Glaube lange gehalten.

gebracht bzw. diese widerrechtlich behalten haben, indem
er im Moment der Übergabe das Original in den Ärmel seines ,Gho' hat hineinrutschen lassen und nur die Kopie der
Reliquie überreichte, mischievous, schlitzohrig. Jedenfalls
ist neben Shabdrung auch Buddha in Bhutan solch ein all-
gegenwärtiger Kraftmensch, dem in Form des geduldigen,
harten und frommen Lebens in den Bergen alle nachstre-
ben, auch wenn man schon jetzt über etliche asphaltierte
Straßen verfügt und es vier oder fünf besonders teure Hotels gibt.[26]

Und auch die Namen der deutschen Fußballer (z. B.
Schweinsteiger) kennt hier fast jeder, obwohl das Land
sonst noch gut abgeschirmt ist. Die Moderne ist in Bhutan,
diesem Land mit vielen Siebentausendern, eben bereits ein
bisschen eingezogen, und so habe ich dann auch nicht auf
einem Felsvorsprung, sondern an einer ganz unbesonderen,
dorfstraßennahen Stelle in Mongar meditiert, wo mir wieder so etwas passiert ist wie auf dem Weg vom Roen zurück nach Tramin. Ich saß auf einer Bank weit abseits einer
dieser großen Gebetsmühlen, die man mit einiger Kraft
drehen muss, wonach sie nicht nur die Gebete zum Himmel
senden, sondern bei jeder Drehung auch einen gongartigen
Klang von sich geben.

Vielleicht waren es diese von der Ferne her kommenden
Töne, die mich animierten, aber ich war versunken ins eigene Nach-Innen-Hören und vernahm plötzlich wieder einmal so einen ,ultrareduzierten Satz': „Zahl anders". Was
soll das heißen? Man kann da vieles hineininterpretieren,

---

[26] Eine Maßnahme, um die Rucksacktouristen zurückzuhalten.
Auch muss man jeden Tag 250 Dollar ausgeben.

zahl anders als üblich, zahl mit Falschgeld zum Beispiel, oder zahl anderes und nicht immer das Gleiche. Doch mir war sogleich ziemlich klar, dass ich nicht wirklich etwas anders zahlen bzw. bezahlen sollte, sondern dass es um Zahlen gehen sollte, die eben anders zu zählen sind als die Zahlen, die wir üblicherweise benutzen. Es gibt bis heute keine empirische Theorie der ersten ganzen Zahlen. Anfänglich gab es bei den Menschen nur eins, zwei und viele. Hat ein Hirte seine Schafe zählen müssen, steckte er sogenannte Zahlsteine in die Tasche, einen kleinen Stein für jedes Schaf. Brachte er die Tiere nach Hause zurück, konnte er sie daran abzählen.

Der Mathematiker Kronacher sagte deswegen auch: ‚Der Mensch hat die Mathematik erfunden, aber die Zahlen hat Gott gemacht.' Das ist eine nette Geschichte, aber für eine so bedeutende Wissenschaft wie die Mathematik eigentlich zu wenig. Deswegen war es mir nicht verwunderlich, dass es ‚die Anders-Zahlen' geben muss. Von der Psychoanalyse her hatte Lacan sie schon beschrieben. Er sagte: ‚Eine Eins repräsentiert eine Null für eine andere Eins'. Ich nehme an, dass er von der therapeutischen Situation ausging, wonach der Analytiker und sein Patient jeder für sich zuerst einmal eine Eins ist, die zwar zählt, aber nach außen hin diese Größe noch nicht mathematisch klar repräsentiert. Man ist sich ja fremd und lässt sich auf ein gegenseitiges Sprachspiel, ein intersubjektives Rededuell, auf eine Zwei-Menschen-Symbolik ein und muss davon ausgehen, dass jeder dabei zwar gleichviel zählt, aber dabei anfänglich für den anderen ja nur eine Leerstelle, eine Null repräsentiert. Erst wenn man sich in komplexer Weise näher kommt, viel assoziiert, deutet, träumt und eingesteht, wird man sich gegenseitig werten und wirklich zählen können.

So kommt also eine andere Art der Mathematik zustande, die darin gipfelt, dass beide, Therapeut und Patient, zu einer Eins, einer Einheit kommen, die auch für den anderen eine solche repräsentiert. Sie haben den Null-Eins-Abstand der Wittgensteinschen Achsen definitiv ausgeschritten, ausgearbeitet, ausgemessen und sich irgendwo in der Mitte getroffen, wo sie nicht nur gleich viel wert sind, sondern auch auf sich zählen, mit sich rechnen und ,trialogisch' kommunizieren können. Vielleicht entsteht so die ,Zahl anders'. Mathematiker halten davon nicht viel. Sie glauben fest daran – so wie die Physiker hinsichtlich der allumfassenden Theorie – die große ,vereinheitlichende Theorie der Mathematik' zu finden.

Während es bei den Physikern um die Verbindung der Relativitätstheorie (Theorie des ganz Großen) mit der Quantenmechanik (Theorie des ganz Kleinen) geht, dreht es sich in der Mathematik um die Verbindung der Zahlentheorie mit so etwas wie der harmonischen Analyse.[27] Aber weder Physiker noch Mathematiker kommen hier wirklich weiter. Ich erinnere nur an die Lösung der Fermatschen Vermutung, für die der Mathematiker A. Wiles viele Jahre benötigte, um sie zu beweisen, und selbst dann konnten viele Fachkollegen dem Beweis nicht folgen.

---

[27] Aussage des Mathematikers Frenkel, E., in einem Interview der ZEIT vom 5. 2. 15, S. 32. Über die Zahlentheorie habe ich bereits Bemerkungen gemacht, die harmonische Analyse betrifft vereinfacht gesagt das ,Studium wellenförmiger Signale', um so Mathematik mit der Physik zu verbinden.

Ich habe schon mehrmals in der Meditation Bezüge zur Mathematik erfahren, meist unklar und nicht weiter verwertbar. Als ich am Anfang meiner Ausbildung in der Psychiatrie arbeitete hatte ich ebenfalls so ein ‚Anders-Zahlen'-Erlebnis. Eine Patientin erklärte mir, dass $1 + 1$ nur 1 ergibt, während die Lösung von 1×1 die 2 sei. Ich wusste sofort, dass es keinen Sinn hatte ihr die ‚normale' Mathematik zu erklären, und so versuchte ich ihr psychoanalytisch zu folgen und sagte in etwa: Wenn zwei Menschen sich nur so, also ohne echte Beteiligung zusammentun, bleibt jeder als eine Eins bestehen, sie addieren sich nicht wirklich. Nehmen sie sich aber Mal, ‚Vermählen' sie sich, werden sie ein wirkliches Paar sein, also die volle, die runde Zwei.

Die Patientin stimmte mir zu. Ihre Rechnung hatte sie – so konnte ich damals mit Kollegen diskutieren – wohl auf der Basis der Freud'schen Sexualtheorie gemacht. Dort ‚zählt' es nur, wenn man zugibt, dass man begehrt, dass man ein Verlangen hat, eine libidinöse Strebung, auch wenn man gar nicht weiß, worauf diese sich richtet oder wonach sie strebt. Die Frage nach dem, was wirklich gilt, was als unbewusstes Begehren zählt, ist nicht so hinten herum geäußert wie Faust sie dem Gretchen stellte: ‚Wie hältst du's mit der Religion', fragte er, wo er doch nur wissen wollte, ob sie auch einem unehelichen Intimkontakt zustimmen würde. Er hätte fragen sollen: ‚Wie hältst du's mit deinem Begehren, hast du ein Verlangen nach intimen Kontakt mit mir? Klar, dass Gretchen schreiend davongelaufen wäre. Damals hatte man noch nicht die ‚Anders-Zahlen', die also nicht unbedingt die richtigen oder akkuraten Zahlen sind, aber sie sind direkte, pragmatische und Zahlen der Wahrheit.

Die Patientin in der Psychiatrie konnte nicht anders als es direkt heraussagen, was in ihr vorging. Deshalb hielt man sie für verrückt, wo sie doch in Wirklichkeit nur ‚anders zählte'. Die ‚Zahl anders' ist eben anders, als die, mit denen wir beim Einkaufen rechnen müssen, aber eine Verbindung beider Zahlsysteme würde tatsächlich eine Lösung zur Vereinheitlichung der Mathematik erbringen. Sie sähe so aus, dass diese Lösung nicht nur innerhalb der herkömmlichen Mathematik erreicht wird, sondern dass man die ‚Anders-Zahlen' dort mit einschließt in einem auf das Subjekt bezogenem System. Vielleicht könnte es noch besser als mit der ‚harmonischen Analyse' mit den ‚perfektoiden Räumen' des Mathematikers P. Scholze funktionieren, der Algebra und Geometrie, also Zahlen und Objekte, durch sogenannte Homotopien, also strukturbezogene Gleichartigkeiten verband.[28]

Vielleicht habe ich auch deswegen das *Pass-Wort* von den *Anders*-Zahlen erfahren, weil ich mich zu dieser Zeit mit dem Problem der Dyskalkulie beschäftigte. Ich arbeitete ein Jahr in der Neurologie der Münchner Uniklinik, wo wir mehrmals damit zu tun hatten. Diese Kranken können mit einfachen Zahlen und Mengen nur schwer umgehen, höhere Mathematik ist ihnen aber oft eher möglich. Auch die Zuordnung eines Zahlenwortes zur entsprechenden Zahl kann problematisch sein. Damit hat es ganz stark etwas mit dem *Erscheinungs-Wort-Wirkenden* zu tun, mit frühen

---

[28] Vortrag von P. Scholze, Preisträger der Fieldsmedaille, in der FAZ vom 1. 8. 2018.

Form- und Raumverständnissen, wie sie auch bei einer ähnlichen, anderen Erkrankung, der Legasthenie vorkommen. Für den Legastheniker braucht es andere Buchstaben (linksbauchiges d und rechtsbauchiges b werden oft verwechselt), für den Dyskalkulierer Zahlen und ‚Anderes-Zahlen'.

Jedenfalls hatte ich nach meiner Botschaft aus dem Unbewussten und der Beschäftigung mit den ‚Anders-Zahlen' das Gefühl, das religiöse Leben der Bhutanesen besser zu verstehen. Bei den drei buddhistischen Andachten, Messen, Betgesängen, bei denen ich zugegen sein konnte, war der Rhythmus, die Metrik, das Klangzählen immer das Wesentliche, was ich heraushörte. Oft wurden ja die gleichen Sätze zigmal bei leichtem Hin- und Herschwingen des Körpers wiederholt. Es soll daran erinnert werden, dass im Jenseits anders gezählt wird als auf der Erde. Das ist wahrscheinlich in jeder Religion so. Trotzdem bleiben wir hartnäckig bei unserer irdischen Art zu zählen und zu zahlen, wo jeder auf höhere Beträge zu kommen versucht als der andere. Eines Tages werden uns die Mathematiker die Formel für die vereinheitlichende Theorie vorlegen. Es wird eine große Leistung sein, aber nur für wenige zählen, denn die ‚Anders-Zahlen' für alle gleichermaßen wird es auf diese herkömmliche Weise nicht geben.

Mit Rhythmen, kleinen Trommeln, Gebetsmühlen, zeremoniellen Trompeten und dem melodisch wiederholten ‚Om Mani Padme Hum' oder anderen Lauten wird also in Bhutan anders gezählt, und das ist auch gut so. Als ich in einem Gespräch einem Bhutanesen sagte, wenn man so viel Gutes wie möglich tun kann, wird einem Buddha den Rest dazugeben, stimmte mir mein Gesprächspartner hinsichtlich des Konditionalsatzes zu. Aber der Rest, meinte er, ist Nirwana, Buddha ist kein gebender, nehmender oder anders tätiger Gott. Es gibt keinen Rest für ihn, meinte er, er ist nur das höchste Vorbild. Großartige Mathematik, sagte ich zu ihm, ihr schließt wenigstens die Null immer in euer Denken ein. Das ist ‚Anders-Zahl'-Rechnen. Wenn man alles Positive getan hat, was man konnte, braucht es nicht zusätzlich noch einen Gott. Ja, sagte er, einen Gott brauchen wir nicht.

Die Erfahrungen, Gespräche und Dialoge in Bhutan waren somit schon nahe am ‚Trialog'. Diese unglaubliche hohen, steilen Berge, diese phantastische Architektur der großen Festungen (die Dzongs beherbergten auch stets einen großen Tempelbezirk) und Klöster und diese schlichten freundlichen Menschen mit ihrem gottlosen und dafür umso intensiveren Glauben ziehen einen in eine kontemplative Stimmung hinein. Die fast überall gleichartig mit leicht bräunlichem, dunklen Holz gebauten und darauf mit pastellenem rötlich, gelb grün bemalten und bestückten Fassaden machen einen heimeligen Eindruck, und kommt es noch darüber hinaus zu einem differenzierten ‚Sagen', wäre das ‚Trialogische' fast erreicht. Doch so gelingt es freilich nicht immer und nicht ganz. Aber ‚teetrunken' vom bhutanesischen Buttertee konnte man werden – wenn ich diese rein allegorische Bemerkung machen darf. Der Buttertee ist zumindest in Bhutan nicht mit ranziger Butter versetzt, wie ich es über den tibetischen Buttertee immer gelesen habe, sondern mit normaler Butter und somit gut trinkbar.

Interessant sind in Bhutan auch die Geschlechterrollen, das Thema ‚männlich-weiblich' auf der Z-Achse von

Wittgenstein, das ja auch ganz speziell etwas mit dem ‚Sagen' und Zählen zu tun hat. Wie gesagt besitzen die Frauen Bhutans generell Grund und Boden, was sie allerdings auch an ihre Gehöfte bindet und ihnen Verantwortung auferlegt. Grundsätzlich ist in Bhutan Polygamie erlaubt, und es existiert auch Polyandrie für die Frauen. Doch gerade dieses Privileg wird zunehmend seltener genutzt, weil die Männer beginnen, in die Städte abzuwandern und sich die Modernität westlichen Lebens aneignen. Während es früher also so war, dass die Schuhe des Mannes, der sich gerade im Schlafzimmer der Frau aufhielt, vor der Türe stehen bleiben mussten, damit der andere – zweite oder dritte – sehen konnte, dass er jetzt nicht gefragt war, kommt jetzt der moderne bhutanesische Ehemann von seinen längeren auswärtigen Arbeitsaufenthalten zurück und muss sich von seinen Strapazen erholen. Schuhe stehen keine mehr draußen, weder seine, noch andere.

Für den, der über äußerliche Assoziationen der Meditation näherkommen will, gibt es in Bhutan aufregende Trekkingpfade, die über die einzelnen fünftausend Meter-Pässe führen. Der österreichische Journalist und Tourismusberater M. Uitz beschreibt sie wundervoll und berichtet auch plastisch von dieser noch einsameren Welt im Norden des Landes.[29] Er lebte mehrere Jahre dort und verliebte sich vielleicht zu sehr in die dort übliche tibetisch-magische Medizin, die ihm sein Herzleiden stets ein bisschen linderte. Doch hinter seinen Beschwerden steckte offensichtlich eine unerkannte schwerere Herzerkrankung.

---

[29] Uitz, M., Bhutan, Einlass ins Reich des Donnerdrachens, Picus (2011)

Meiner Ansicht nach litt er an einem Herzklappenfehler, den er sich in der Heimat hätte behandeln lassen sollen, so aber starb er in Bhutan im Alter von 55 Jahren. Natürlich fühlt man sich bei einer persönlich so zugewandten und durch alte Erfahrungen gestützten Alternativ-Medizin oft wohl und bemerkt nicht die unterschwelligen Gefahren. Hätte er nicht nur die Landschafts- und Ethnien-Meditation betrieben, sondern auch das kritische westliche naturwissenschaftliche Denken bewahrt, hätte er – meiner Ansicht nach – seine Krankheit früher und klarer bemerkt haben können. Er war zu sehr in Bhutan und seine wunderschöne Märchenwelt verliebt.

Einen ähnlich eindrucksvollen Bericht schilderte die Kanadierin Jamie Zeppa, die als Lehrerin in den Bergen arbeitete und schließlich einen Bhutanesen heiratete. [30] Sehr humorvoll erzählt sie, wie es für ihren Mann selbstverständlich war, alle seine Familienangehörigen oft über längere Zeit in der Zweizimmerwohnung, in der sie später im Thimpu lebten, zu beherbergen. Im bhutanesischen Familienclan und seiner Wärme, aber auch seinen Regeln und andauernden Familientreffen aufzugehen, hat sie schließlich nicht geschafft. Sie ließ sich scheiden.

Man muss Bhutan von Ost bis West durchqueren, die meisten Reisegesellschaften fahren nur bis zur Mitte des Landes nach Bumthang und von dort aus wieder zurück. Ich konnte durch Zufall die Generalprobe der Mönchstänze im Dzong (Klosterfestung) von Bumthang erleben, zur Hauptveranstaltung hätte man keinen Stehplatz mehr bekommen. Die

---

[30] Zeppa, J., Mein Leben in Bhutan. Als Frau im Land der Götter (2009)

Mönche tanzten sich in Trance, vielleicht nicht in die tiefste Form der Entrückung, aber immerhin doch weit genug in den Spiegelungspunkt der Katharsis hinein. Zwischen den tanzenden Mönchen wandelten allerdings clown- bzw. karnevalsartige Typen herum, die die ernsthaft um sich herum wirbelnden Mönche spaßig traktierten (als Ausgleich für zu viel Strenge? Oder waren sie die Psychoanalytiker, die die Mönche von zu viel Trance wieder etwas herunterholten?). Solch körperliche Anstrengungen wären für uns wohl zu viel, zu umständlich und zu einseitig, und Psychoanalytiker würden wir entsprechend dem von mir entwickelten Verfahren vielleicht nur noch begrenzt benötigen.

7. Vom Jenner zur Gotzenalm

Man fährt bis zur Mittelstation mit der uralten Jennerbahn, ausgehend von Schönau am Königssee, und geht dann bis zu drei Stunden einen wechselnd auf- und absteigenden Weg bis zur Gotzenalm, die südlich und genau gegenüber dem Watzmann liegt. Man muss beim Zurückgehen aufpassen, dass man die Bahn hinunter noch erwischt. Ich habe den letzten Platz um siebzehn Uhr gerade noch bekommen. Ansonsten gibt es über die Tour nicht allzu viel zu sagen. Eine Wanderstrecke, keine fünfhundert Höhenmeter. Ein paar fast karminrot gefärbte Ahornblätter am Wegrand, ein Waldstück durchqueren voll tiefgrünem Farn, Wilderton-, Goldhaarmoos und andere Tracheophyta, die die Flora überwuchern. Weißtannennadeln, Lärchen.

Kurz vor der Alm gibt es eine kleine Abzweigung zu einem Plateau, von wo aus man zum Königssee und dem angeblich so berühmten St. Bartholomä hinunter- und hinüberschauen kann. Entzückend, beinahe eine reine Schmachtfetzenwerbung. Das Ufer wie gezirkelt, der See wellenlos als sei er aus blauem Glas. Ein künstliches Idyll, das man sich jetzt auch noch in natura anschaut. Zweifellos ein gelungenes Panorama, aber immer das gleiche Foto, immer der gleiche Heimat-Fetisch – in Originalfärbung. Was ist nun besser: das Artefizielle oder das in natura? Großformatfotos oder das direkte Davorstehen?

Denn was einem jahrzehntelang als strahlendes Idyll verkauft worden ist, muss in Wirklichkeit fast immer enttäuschen. Der tiefblaue See, die fahlgraue Felswand und das

knallrote Dach der Wallfahrtskapelle St. Bartholomä for-
dern die Idyllophilie geradezu heraus. Auch wenn es jetzt
einem ganz anderen Bereich entstammt: als Arzt sah ich
viele Menschen – in natura – wenn ich diesen Ausdruck
nochmals wiederholen darf bezüglich des Blicks auf nackte
Körper, aber die Begegnung war auf ärztliche Bestrebun-
gen bezogen und war für Kommentare zum Idyll der
Nacktheit kaum geeignet. Das ist in einem FKK-Club allerdings schwieriger. Da stehen Nackte direkt neben Nackten und tun so, als seien sie luftig, freudig, frei und ganz
ungezwungen-echt. Aber das täuscht, nicht die geringste
Erotik darf aufkommen. Gerade die am direktesten präsen-
tierte Nacktheit verlangt ihre Annihilation. Gezeigt wird
beim FKK nur ein Fassadenkörper, eine Schaufenster-
puppe, ein Stillleben, nicht einmal ein Akt.

Als ich einmal in Korsika auf so einem Gelände weilte, fiel
mir auch auf, dass die ‚duften‘ Frauen – so nannten wir als
Studenten damals die Frauen, die man heute als sexy bezeichnet – sich weit hinten irgendwo am Strand zurückzo-
gen und bei einem Gang durchs Gelände doch lieber den
Bikini anzogen. So ein Wort wie ‚sexy‘ hätte uns damals

ohnehin die Schamröte ins Gesicht getrieben und es besei-
tigt auch heute noch keine Verlegenheit. R. Barthes hat
treffend gefragt: „Ist die erotischste Selle des Körpers nicht
da, wo die Kleidung auseinanderklafft? . . die Haut, die
zwischen zwei Körperstellen glänzt?. . das Glänzen selbst
verführt, oder besser noch: die Inszenierung des Auf- und
Abblendens." Denn es geht um „eine im Bild eingefangene
Leerstelle. . .bei der Perversion gibt es keine erogenen Zo-
nen . ," aber beim FKK eben auch nicht.[31]

Inspirierende Ungezwungenheit finde ich allerdings auch
in großen Einkaufszentren, Flughäfen, bei Massenver-
sammlungen und in Urlauberparadiesen nicht. Das ist vielleicht eine subjektive Aussage, die also nichts damit zu tun
hat, was ich mit meinem, im Titel angekündigten, wissenschaftlich begründeten Meditationsverfahren meine. Dazu
will ich aber hier keine sachbuchartigen Belehrungen geben, Ich will bei den, wenn auch nur halbgelungenen Essays bleiben, und versuchen vom ‚Sehen', also der Y-
Achse, ein bisschen wegzukommen und zu den anderen
Achsen und Zuschreibungen etwas schreiben.

Doch vorerst weiter zur Gotzenalm. Die Bergessayistik
fällt immer kurz aus, weil viele Wanderungen sich doch
sehr ähneln, aber auf große Reisebeschreibungen will ich
mich auch nicht ausdehnen. Der Weg zur Gotzenalm dauert
hin und zurück also ca. fünf Stunden und man sieht außer
einem gelegentlichen Blick auf den Watzmann nicht viel.
Von dessen steiler Ostwand ist nach fast dreihundert Be-
steigungen der beste Kenner aller Ostwand-Routen Ende
der achtziger Jahre abgestürzt. Na klar: es sind immer die

---

[31] Barthes, R., Die Lust am Text, Suhrkamp (1974) S. 16 - 18

Profis, die Spitzenleute, die Routiniers, die plötzlich herunterfallen. Manchmal kann man sich eines solchen, gemeinen und pauschalen Urteils nicht erwehren, aber handelt es sich nicht um übertriebene Routine, über Allmachts-Mechanik, die einen stürzen lässt? Vom suizidalen Dämon der Extrem-Bergsteiger habe ich ja schon geredet. Es ist mir schon schleierhaft wie man überhaupt ein zweites oder drittes Mal dort hinaufsteigt, wo der Hauptruhm doch schon darin besteht, es überhaupt geschafft zu haben. Wahrscheinlich liegt diesem Phänomen eine Verwechslung der von Wittgenstein gezeichneten Achsen zugrunde.

Ich finde es auch auf Reisen immer schrecklich, wenn man eine Route auf dem gleichen Weg wieder zurückfahren oder -gehen muss, den man gekommen ist oder sie gar wiederholt. Und wie kann man nochmals in den gleichen Film gehen oder das gleiche Buch erneut lesen!? Es ist doch bekannt, dass ein schöner Marktplatz, eine wunderbare Stadtsilhouette, eine phantastische Architektur beim zweiten Mal nicht mehr so entzückt wie im Moment des ersten enthüllenden Gewahr Werdens. Aber die Menschen versuchen es immer wieder und holen sich ihre Enttäuschungen. Der Enttäuschung wohnt eine geheime masochistische Lust inne. Ich kann auf jeden Fall nur empfehlen, den Weg zur Gotzenalm nur einmal zu gehen. Er ist lang, es geht rauf und runter, und es gibt noch so viele andere Berge.

Jedenfalls kommt Freuds Gipfelstürmerkomplex hier nicht zum Zug. An Freuds Auffassung von der Ersatzbefriedigung ist sicher etwas dran, aber das Umgekehrte könnte genauso gut gelten. Nach der Eroberung einer Frau könnte man sich so stolz und siegesbewusst fühlen, dass man sich ein paar Bergtouren, z. B. den Weg auf den Hochfelln, auf das Trainsjoch oder sonst einen der bayerischen Höhenzüge sparen kann. Doch das ist ein Irrtum. Ich gehe auf jeden Fall nur zwei bis dreimal im Jahr auf einen Berg und fühle mich dann – neben ein paar anderen sportlichen Aktivitäten – fit genug. Das genügt. Andere gehen ständig los und prahlen auch noch damit, was wieder eindeutig auf die Freud'sche These verweist. Wenn man im Durchschnitt jeden Tag zwanzig Minuten, also zweieinhalb Stunden pro Woche, Sport treibt, ist dies voll ausreichend. Und Landschaftsästhetik kann man auch im Sitzen haben.

Falls die Freud'sche Theorie stimmt, dann findet hier bei dem Problem des Gipfelstürmers die Sexualdifferenzierung tatsächlich eher auf der Y-Achse statt. Es geht also darum, ein Oben zu erreichen, um der Verwaltung des unten zu entkommen. Man differenziert sich als Mann auf der vertikalen Achse oben und überlässt der horizontalen Linie die Qualifikation der Gewaltenebene. Oder geht es vielleicht um Wittgensteins X-Achse, so dass der Mann Nähe fühlt, wenn er ganz oben ist? Lacan meint ohnehin, dass der Liebesakt immer irgendwie danebengeht, weil der Mann nach kurzer Zeit nicht mehr weiter weiß. Es geht um eine Scheinbeziehung, die strahlend hell, aber nur dem Anschein nach eine Beziehung ist. Von einem ‚Trialog' ist man jedenfalls weit entfernt.

Wieder klingt das alles ein wenig pessimistisch, doch so ist es nicht gemeint. Den wahren ‚Trialog' zu erreichen ist eben ein hoher Anspruch, dem man ja vielleicht nur ein paar Mal nachkommen und man sich seinetwegen die Bergwanderungen nicht vermiesen lassen muss. Aber es gibt eben Phasen, in denen ich glaube, beispielsweise das total Artefizielle und Kaltkultische einer Eiskletterei zu

sehen. Eine Starre liegt über dem ganzen Tiefkühlgesche-
hen, ich habe das Gefühl, dass das Leben erstarrt, sich auf-
löst und vertan ist, wenn ich noch länger so jemanden zu-
schaue. Wahrscheinlich verhält es sich so, dass mit viel
Meditation das äußere Leben zum verkrampften Akt wird,
zur ,nature mort', zur Metapher des Vergänglichen und
Uninteressanten. Muss man Eisklettern?

Nun ist das vielleicht übertrieben, aber nicht falsch. Ab und
zu muss man ein bisschen sterben.[32] Jahrelang habe ich den
Schlaf gefürchtet, weil er mir das Leben nimmt, habe mich
auf fünf Stunden herunter geruht, um für das bewusste
Agieren oder Meditieren wach zu bleiben. Ich weiß nicht,
ob es wirklich nötig war. Nicht immer bin ich in die guten
Momente glücklich machender Katharsis eingetaucht, vielleicht haben die Sünden des Jugendalters die Hemmungen
und Verzögerungen bewirkt, die Schmerzen im Kopf und
Rücken, die störenden Gedanken. Möglicherweise habe ich
manche *Pass-Worte* auch zu gut verstanden, denn es kann
natürlich passieren, dass man zu vorschnell Schlüsse zieht
oder zu positiv interpretiert. Nicht immer ist es so klar wie
bei dem ,Mädchennamen' und bei einigen anderen, die ich
noch schildern werde.

Dass Zu-Gutes-Verstehen nachteilig ist, kann man auch bei
vielen anderen Gelegenheiten erfahren. Lacan betonte

---

[31] Gemeint ist das Zurückgehen, -fallen, wenn man in der Psychoanalyse alles preisgeben, alles enthüllen oder in der Meditation ins Nichts hineingehen muss, um die Katharsis zu erfahren.
Das sucht wohl auch der Eiskletterer mit viel Umständen und
viel Gerät.

immer, dass ein Psychoanalytiker, der zu schnell und zu gut versteht, meist daneben liegt in dem, was er zu deuten hat. Auch sollte ein Redner seiner Ansicht nach nicht zu lapidar und zu verständlich sprechen, weil so nicht wirklich Neues vermittelt werden kann oder die Zuhörer einschlafen. Wenn dagegen nicht alles verstanden wird, man aber doch merkt, dass an dem, was der Vortragende sagt, richtig was dran ist, bleibt die Aufmerksamkeit und Achtsamkeit gespitzt. Es muss aber wirklich etwas dran sein, denn so etwas merkt man, hört man heraus, und wenn man es eben nicht ganz verstanden hat, muss man es halt nachlesen oder nachfragen. Auch beim Meditieren merkt man meist recht gut, was wichtig ist und was nicht und womit man sich länger beschäftigen muss oder es vergessen kann.

Ich habe Meditieren gelernt indem man sich auf ein ‚inneres Licht‘ und einen ‚inneren Laut‘ konzentrieren sollte. Doch dies erwies sich nicht als ideal. Wie ich schon erwähnt habe, ist das Erfassen des Körperbildes sinnvoller, das sich selbstverständlich durch bildhaftes Erhellen anzeigen kann, aber sich eben auch mit einem ‚Durchrieseln‘, ‚Durchschauern‘ und befreiendem Erspüren (Katharsis) ankündigt. Schon Goethe sagte im Faust, ‚das Schaudern ist der Menschheit bestes Teil‘. Damit meinte er die heilende Rückkehr zur Erfahrung des Körperbildes als etwas, was man – atavistisch – eher ähnlich der sogenannten ‚Gänsehaut‘ spürt als ‚sieht‘, ur-reaktiv empfindet oder kathartisch sich durchschauert fühlt.

Unter Atavismus sind Verhaltensweisen oder primär-seelische Reaktionen aus der ganz frühen Menschheitsgeschichte zu verstehen. Die Menschen haben anfänglich noch mit Haut und Haaren kommuniziert, sie haben starke

Gefühle nicht nur im Kopf oder im Herzen erfahren, sondern mit dem ganzen Körper erlebt. Ein weitgehendes Zurück zu diesen ‚Fähigkeiten' nennt man eine Regression, die der Proband in der Psychotherapie erreichen muss, um von dort die Kräfte oder psycho-physischen Zustände wieder aufgreifend seine Geschichte – jetzt im Sinne einer Progression – neu schreiben zu können. Das Gleiche, eine Regression mit folgender Progression, passiert auch in einer Meditation. Dort ist sie körpernäher als in der Psychoanalyse, wo es eher zu emotional-affektiven Erfahrungen kommt.

Denn das Körperbild richtet sich in der Meditation – selbst wenn man liegt – immer auf, repräsentiert also die Y-Achse. Man kann stets starke Nähe (zu sich selbst) und Ferne (sich erweiternde Raumimpressionen) erfahren. Und zudem kommt auch die Achse der Sexualdifferenzierung ins Spiel. Denn im Gegensatz zu der herkömmlichen Auffassung, dass Männliches und Weibliches durch die Anatomie oder zumindest durch leicht unterschiedliche Formationen im Gehirn und im Verhalten bestimmt sind, zeigt das Körperbild in der Meditation davon nur wenig. In der Meditation erscheinen die von mir zitierten dynamischen, basalen und erotischen Aspekte des Körperbildes nach F. Dolto nicht so separiert.[33] Sie haben bereits eine Tendenz zur Vereinheitlichung, die von allen drei Formen getragen

---

[33] Es existiert allerdings auch eine frühe Selbstspiegelung, das psychische „concrete original object" (COO), das bereits sexualdifferenziert sein soll (Ferrari, A. B., From the Eclipse of the Body to the Dawn of Thought, London: Free Association Books (2004).

werden kann, weil sie in dem zusammenfließen, was ich einerseits als ‚Katharsis' beschrieben habe, andererseits aber auch ein ‚Sagen' ist. ‚Hören' und ‚Sagen', wie ich es mit dem ‚teetrunken' beschrieben habe.

Hier könnte ich auch eine Stellungnahme zu Wittgensteins ‚introjiziert', ‚realisiert' und ‚projiziert' abgeben. Die Meditation, das ‚Hören' verlangt eine Hereinnahme ins Innere, ein ‚Introjizieren'. Aber es wird nichts Fertiges ‚introjiziert', nicht das Zu-Gute-Verstehen der Sätze, sondern nur ihr monotonisiertes Echo, ihr Raunen, das die Einheit von ‚Seele, Geist und Körper' – wie es im Bild von Wittgenstein gezeigt war – vorbereitet und verinnerlicht.[34] Die Vorbereitung, der Anstoß hilft dann jedoch beim endgültigen Ergebnis. Eine ganz besondere Art des ‚Introjizierens' findet in den von mir zur Meditation empfohlenen *Übungs-Formeln* (*Formel-Worten*) statt, die ich später erklären werde. Sie ‚introjizieren' nur die Struktur selbst, nur das rein F o r m a l e, da sie ein Grenzfall des Sprachlichen sind und somit nicht vordergründig verstanden werden können.

Nicht anders die Projektion. Wittgenstein wählt hier den christlichen Aspekt der Trinität. Der ‚dreiteilige' Mensch ‚projiziert' hier die Einheit in den als Einig-Einzig vorgestellten Gott. Ein anderes Beispiel kann die Musik abgeben. Viele Musikkenner, -kritiker, -philosophen behaupten, dass man Musik ‚verstehen' muss, soll oder kann. Trotz hunderter Konzerte, die ich gehört habe, weiß ich nicht, was damit wirklich gemeint ist. Durch ihre Nähe zu Affekt

---

[34] So kann dem Erwachsenen die elektrische Zahnbürste, die die Kinder beruhigt, nicht helfen, ihr Geräusch, ihre ‚Musik' ist bereits zu definitiv.

und Sinnenhaftigkeit und damit auch zur Hochstimmung, zu Einheitsgefühlen, kann ein ‚Verstehen' vielleicht als Projektion der eigenen ‚dreiteiligen Einheit' erklärt werden. Eine derartige Anschauung tut der Musik keinen Abbruch. Sie hilft uns eben in den Momenten, in denen sie erklingt, ‚dreiteilig-einig' zu sein. Natürlich kann man ihr mit ihrer Historie, mit der Kenntnis der Biographie des Komponisten, mit einer physikalisch-neurologischen Ton- und Klanglehre, etc., noch zusätzlich beikommen. Ist weiteres ‚Verstehen' noch nötig? Wird ihr inspirierend-kontemplativer Gehalt durch zu viel Intellekt nicht geschmälert?

Es ist zumindest möglich, dass man Musik auch intellektualisiert ohne ihr zu schaden. Ich glaube gerne, dass man dem Aufbau einer Symphonie oder Aussagen der Hermeneutik und Harmonielehre bis hin zur mathematisch-topologischen Musikwissenschaft über Musikstücke einen Wert beimessen kann. Doch es verhält sich wie in der Meditation: es muss einen Schwerpunkt geben, und der ist das ‚Hören', das in der Meditation mehr zur Erkenntnis, bei der Musik mehr zu Emotionalität hintendiert. In beiden Fällen wird ‚projiziert'. In dem von mir entwickelten Verfahren, der *Analytische Psychokatharsis*, wird allerdings direkt ‚gehört', wird direkt eine Antwort aus dem Unbewussten erfahren, wie es auf Umwegen ja auch in der Psychoanalyse geschieht.

Denn die Antwort ist in der Meditation zwar aufs Finale, Kreative, mehr rhythmisch Sprachliche ausgerichtet, während die Psychoanalyse aufs Kausale achtet, aufs Ursächliche der psychischen Komplexe. Der Psychoanalytiker S. Leikert hat im Gegensatz zur klassischen Psychoanalyse eben ‚körperbildliche', ‚kinästhetische' – wie er es nennt – und schöpferische Aspekte des Unbewussten in den Vordergrund gestellt.[35] Will man beides zusammenbringen, muss die Antwort aus dem Unbewussten klar sprachlich sein, aber auch, lustvoll, kathartisch, hebend, wie es die Musik ist. Ich gebe zu: Meditation lässt einen alles zunehmend ein wenig distanzierter sehen. Es handelt sich um ein Sehen, das auch den Tod einschließt, insofern dieser eine Phase in zwei Abschnitten ist, wie ich es bereits im Kapitel 4 angedeutet habe. Ich werde jedoch erst im Kapitel 20 Ausführliches dazu sagen.

---

[35] Leikert, S., Schönheit und Konflikt, Psychosozial Verlag (2012)

8. Marmolata Westgrat

Ich glaube der Weg ging über den Vernelgletscher, von wo aus eine frühe Freundin von mir, deren Bruder und ich vor vielen, vielen Jahren zum Einstieg in den Klettersteig auf der Westseite der Marmolata gelangten. Es war eine meiner ersten richtigen Bergtouren, zwar wahrscheinlich ohne großen Schwierigkeitsgrad, aber auch nicht ohne spannende Momente für jemanden, der noch nie einen doch relativ steilen und langen Klettersteig hochgestiegen ist. Das alles ist über fünfzig Jahre her und vielleicht gibt es heute neue Wege und Steige, die besser sind. Auf jeden Fall war mir nach vierzig-fünfzig Metern Anstieg auf den kleinen Eisenstufen recht mulmig. Auf allen Seiten ging es steil bergab. Ich fing an, Leute, die Höhenangst haben oder nicht schwindelfrei sind zu verstehen. Mit zitterten etwas die Beine, Panik kam auf und ich dachte, wie ich jetzt jeden Moment herunterfallen würde. Schließlich war ich als Kind schon mal fast in Ohnmacht gefallen und kannte das Gefühl kalten Schweißes auf der Stirne und zunehmender Schwäche in den Beinen.

Meine Freundin und deren Bruder waren richtige Bergfexen wie man dies in Bayern nennt, und ich wollte da auf jeden Fall mithalten. Die Freud'sche These vom Berggipfel erobern als Ersatzbefriedigung gilt natürlich nicht, wenn die Frau schon dabei ist, wenn auch vielleicht noch nicht ganz erobert. Hier und damals war sie also dabei, und so galten doppelte Anstrengungen. Denn bei Freuds These muss man ja nur mit sich als einem Ersatzbefriediger klarkommen, hier musste ich jedoch auch vor der Frau direkt reüssieren, Ich umklammerte fest das Halteseil und stellte

mir vor, ich ginge gerade zu Hause die Treppe in den zweiten Stock hoch. Langsam ließen das Zittern, Panik und das
mulmige Gefühl nach, und seitdem – wie ja auch schon im
ersten Kapitel beschrieben – klettere ich mit Freuden jeden
dieser Felssteige hinauf. Oben angekommen war die Eu-
phorie, es geschafft zu haben, schon fast wieder verflogen,
aber die Gewissheit, nunmehr jeden Felssteig und jede
Gratwanderung meistern zu können, blieb.

Ich kannte den Gipfel der Marmolata schon von der üblichen Tour, die damals viele im Winter machten, nämlich
bis zum Fedaia-Stausee mit den geschulterten Skiern zu
Fuß hinauf zu steigen, ein kurzes Stück mit dem Lift zu
fahren und dann wieder zu Fuß ganz hoch zu gehen. So viel
ich gehört habe, geht jetzt auch eine Bahn von ganz
unten nach ganz oben, und mit der Tourengeher-Großar-
tigkeit ist es somit vorbei. Leider verhält es sich mit Lawi-
nenabgängen und lebensgefährlichen Skipistenverletzun-
gen nicht so. Die Pistenraser haben zugelegt und Massen-
und Risiko-Sportarten sind in Mode gekommen, und so tut
man sich also auch hier mit der besinnlichen Ungezwungenheit schwer. Man muss sich Zeiten suchen, an denen die

Pisten etwas leerer sind und wo man dann noch ein paar fliegende Schwünge machen kann, bevor man sich abseits einen Sonnenplatz sucht.

Ja, wenn man überall schon war, muss man sich darauf besinnen, mehr bei sich selbst zu sein. Man lebt eben nicht nur in einem physischen, sondern auch in einem ‚symbolischen Universum' wie der Philosoph F. Cassirer sagte.[36] Denn letztlich spricht der Geist durch den Menschen hindurch' heißt es bei Hegel, und so weiß man nicht, ob ein innerlich gehörter Gedanke, so ein *Pass-, Identitäts-Wort* oder gar eine wahrhafte Berufung von innen oder von außen herkommt. Der Quell-Code ist eben einfach da und scheint durch einen hindurch zu tönen, ‚personare', persönlich-machend. Man kann es zwar – wie ich ebenfalls schon andeutete – in Form der *Formel-Worte* provozieren mit deren gebrochenen Satzteilen, kontrapunktischen Bedeutungen und irrationalen B(r)uchstaben, wie es ein Therapeut ausdrückte.[37] Es lässt sich aber auch dadurch hervorrufen, wenn man sich auf etwas Klang- oder Lauthaftes im Inneren konzentriert, bis sich aus der Mitte dieser Akustik ein *Pass-Wort* vernehmen lässt. Ich verweise dazu nochmals auf Erklärungen im weiteren Text und im Anhang, in dem dies alles einfach dargelegt ist, was sich hier so seltsam anhört.

Denn es geht hier um eine zweite Übung des meditativen Verfahrens der *Analytischen Psychokatharsis*. Bei der

---

[36] Cassirer, F., Versuch über den Menschen, Phil. Bibliothek (1990)

[37] Oudee Dünkelsbühler, U., Zeugnis & Schrift: B(r)uchstaben an der Couch, Les Etats Généraux de la Psychanalyse (2001)

ersten musste man auf das – wie Lacan es nennt –‚ultrasubjektive Strahlen' (das *Erscheinungs-Wirkende*, das Es *Strahlt*) warten, das im Inneren auftaucht, wenn man lange genug entspannt dasitzt und die genannten *Formel-Worte* rein mental in sich wiederholt. Bei der zweiten Übung geht es um den verbalen Quell-Code, also um die ebenfalls so genannten ‚ultrareduzierten Phrasen', um die Verlautungen (das *Wort-Wirkende*, das Es *Spricht*), um den Ton, der immer im Innern als dieses personare ohne Anstrengung zu vernehmen ist. Denn in jeder Meditation wird Wert daraufgelegt, nichts zu erzwingen, zu erheischen oder der Macher zu sein. Die zwei elementaren Grundtriebe sind immer da.

Der nihilistische Philosoph E. Cioran sprach gerne von den ‚Wonnen des Todes', womit er das vollkommen Anstrengungslose, die totale Passivität und Gleichgültigkeit gegenüber dem Leben und allem, was mit diesem zusammenhängt, meinte. „Für was sich immer bewegen müssen, für was eine Hand heben oder ein Bein," jammerte er immer wieder und beklagte den viel zu mühevollen Ablauf des menschlichen Lebens. Und so ganz unrecht hatte er ja nicht, die ‚Wonnen des Todes' existieren wirklich, doch nur für den, der sie sich nicht selbst erzwingt, erzeugt oder herbei manipuliert, wie Lacan konstatierte. Damit hängt ja die Katharsis und das ‚Hören' in der Meditation zusammen, dass man es nicht selber herstellen kann, sondern sich nur in den inneren Tod fallen lassen muss, ohne dabei bewusste, vorbestimmte Worte zu verwenden oder sich emotional anzustrengen.

Es muss von selber kommen, es muss kein Charisma sein, aber etwas Ur-Gegebenes, das nicht unbedingt Materielles aber doch Substanzielles ist. Substanziell im Sinne der

Substanz, die man der ‚ausgedehnten‘ des Aristoteles und der ‚denkenden‘ von Descartes als die ‚genießende Substanz‘ Freuds entgegensetzen muss. Sie könnte sogar das Ur-Gegebene sein, an dem teilzuhaben dem Menschen nur schwer gelingt, während die Götter, aber auch – wie Lacan meint – die Frauen leichter Zugang dazu haben. Die Frauen würden es, diese ‚jouissance feminine‘, nicht so schätzen, ja sie eher gering heißen und sich dummerweise mehr ans männliche ‚plaisir‘ halten. Ich werde darauf noch zurückkommen.

Mitten in diesem die Lust übertreffenden ‚Genießen‘ tanzen nämlich auch die oben erwähnten B(r)uchstaben und lassen zu, dass sich mal dieses, mal jenes *Pass-Wort* daraus bildet. ‚Ultrareduziert‘, versteht sich. Man darf sich dies freilich nicht so vorstellen, wie es der mittelalterliche Mystiker J. Böhme behauptete, als er von der „signatura rerum“ sprach, den Zeichen, die den Dingen eingedrückt sind; ein Mythos, an den auch heute noch viele moderne Esoteriker glauben. Nein, die Natur ist nicht schon fertig beschriftet, so dass man sie nur abzulesen braucht. Es gibt nur ein paar wenige Stellen, wo „die ersten Symbole [hier gleichzusetzen mit den Signifikanten], die natürlichen Symbole, hervorgegangen sind aus einer bestimmten Anzahl maßgeblicher Bilder – aus dem Bild des menschlichen Körpers, aus dem Bild einer Reihe von deutlich sichtbaren Objekten wie der Sonne, dem Mond und einiger anderer. Und das ist das, was der menschlichen Sprache ihr Gewicht gibt, ihre Triebfeder und ihr emotionales Vibrieren.“[38]

---

[38] Lacan, J., Seminar II, Walter (1980) S. 388

Vielleicht muss man noch weitergehen und sagen, dass diese anfänglichen, maßgeblichen Bilder für jeden ein bisschen anders aussehen können, denn das Bild des menschlichen Körpers könnte für das Kind speziell und zuerst einmal nur aus der Brust und den Augen der Mutter bestehen, die wie dieses universelle Bild der Sonne oder der Sterne glänzen. Wie erwähnt sprach der Psychoanalytiker H. Kohut aus diesem Grunde vom „Glanz im Mutterauge", an dem auch das Kind mitwirkt, weil eben dieser ‚Glanz' ultrasubjektiv' ist (beide wirken darin mit). Danach kommen andere Teile des Körpers mit ins Spiel. Für manche Männer bleibt es ewig die mütterlich-weibliche Brust und für andere Menschen zeigt es sich in irgendeiner Form und Farbe, in Konsumobjekten, die sie mit ungeheurer ‚Wahrnehmungsliebe' besetzen,

Es geht immer um das Gleiche, Wortdinge, die Dingworte sind, Laute, die schon Sprache erzeugen. Die tonlosen, klang- und silbenlosen Sachen existieren nicht, es gibt immer nur die ‚zur Würde des Dings erhobene' Objekte, wie Lacan sagt. Ein Baum ist nicht einfach ein Stamm mit Stängeln und Blättern, er ist ein Schirm, ein Aussichtsturm, ein Vorbild für Majestätik, ein Klettergerüst, Brenn-, Schiffs- und Hausbauholz, Uralt-Leben, Sauerstoffspender und tausend anderes mehr. Nicht umsonst haben die Menschen früher in dem Stamm mit Ästen als Armen und Blättern als zarten Händen einen mächtigen Baumgeist gesehen, doch für uns heute wäre dies albern. Die ‚Würde des Dings' besteht darin, das nichts von einem Namen, einem Titel, einem Rangabzeichens, existiert, sondern nur ein ‚dingliches' Genießen. Anders gesagt liegt vor allem, und noch vor dem davor, die Maßgeblichkeit des Bildes, das durch seine bild-wirkende Maßgeblichkeit auch schon etwas angedeutet ‚*Spricht*'. *Erscheinungs-Wort-Wirkendes* in einem.

Diese ersten Symbole und diese maßgeblichen Bilder werden auch in der Meditation wach bzw. man ruft sie in diesem Versenkungs-Zustand auf, ohne etwas zu tun, ohne Zwang oder Mache. Man erkennt es nur, jedoch nicht nur intellektuell, sondern originär. Man muss dann eine kleine Prise Ratio dazugeben, so wie man bei ‚teetrunken' deuten musste, dass es um eine Trunkenheit geht, die schon bei so etwas wie dem Tee einsetzt aber wohl auf ein nur im Sinne des Sexuellen zu verstehendes Begehren hinweist. Denn der An-Fang ist eine Art Trieb-Treue zu sich selbst, ein Fang, den man mit sich selbst gemacht hat und weiter macht in Realität oder Phantasie, in Sucht oder in einer leicht pervers angekitzelten Gewohnheit.

Hier ist jetzt Gelegenheit auf mein Versprechen von vorhin zurückzukommen und zum Begriff des Wittgensteinschen ‚realisiert' Stellung zu nehmen. Wittgenstein sieht in der familiären Dreiheit von Mann, Frau und Kind eine gewisse Einheit ‚realisiert'. Ich schreibe ‚gewisse', denn wohl kaum jemand wird davon überzeugt sein, dass die Einheit des Menschen durch die Familie ideal und nur von daher realisiert ist. Es ist nur ein Beispiel von vielen und nicht die Realisierung schlechthin. Das Kind gibt der erotischen Beziehung zwischen Mann und Frau, Vater und Mutter, eine gewissen Realitätsbezug, die als Familie dem Wittgensteinschen Einheitsbegriff genügt, während das Sexuelle allein diese Einheit offensichtlich nicht so augenscheinlich ‚realisiert'. Wie ja schon gezeigt, muss das ‚Sagen' hier noch eine gewichtige Rolle spielen. Und das hat noch niemand ausreichend gut getan. Niemand hat definitiv gesagt und logisch niedergeschrieben, was das Geschlechtsverhältnis eigentlich ist.

Nun ‚realisiert‘ sich beim Bergwandern durch die Landschaft und vermittels der physischen Leistung auch etwas Einheitliches: ein wiederholbares Körper- und Natur-Erlebnis, vielleicht vor allem dann, wenn es eine ausgiebige und immer wieder neue Wanderung ist (nur meiner Ansicht nach). Ich habe bereits bei der Watzmann-Besteigung die zwangsneurotische Gleichförmigkeit kritisiert, auch wenn es freilich nicht weniger neurotisch sein kann, wenn man immer wieder neue Wege gehen muss. Es ist ja schließlich auch nicht toll, wenn man jedes Jahr wieder einen anderen Partner braucht (auch wenn der Vergleich hinkt). Das ‚Realisieren‘ in Hinsicht auf eine Einheit hin ist wohl im Leben generell nicht so einfach. Es gibt viele ‚Einheits-Realisierungen‘, aber anscheinend keine nachhaltige, ideale, konkrete und gut gelungene. Auch in Religion und Wissenschaft nicht, solange sie nur Konfession und nur Wissensanhäufung sind.

Bleibt die Meditation. Doch in ihr wird ja gerade nichts wirklich ‚realisiert‘. Oder doch? Die Katharsis und das ‚Hören‘ eines *Pass-Wortes* stellen auch nur vorübergehende und – was das konkrete Leben angeht – schwache Hilfsrealisierungen dar. Das eigentliche ‚realisiert‘ muss in der Meditation woanders liegen. Es liegt im Auffangen, in der Deutung und intellektuellen Nachbearbeitung der Identitäts- bzw. *Pass-Worte*. Es liegt in einem jeden selbst, wenn er in sich die Einheit des *Erscheinungs-Wort-Wirkenden* findet. Um das noch einmal klar und verständlich zu machen, wähle ich ein Beispiel, das ich in anderen Büchern

schon besprochen habe. Doch es ist schlicht und gut nach-
vollziehbar.

Jemand, der meinem Verfahren, das ich ihm zu therapeutischen Zwecken empfohlen habe, sehr kritisch gegenüber-
stand, es aber dennoch schon einige Zeit übte, hatte plötzlich den wie von ferne herkommenden Gedanken oder die
Eingebung bzw. vermeinte gar es gehört zu haben: „Nichts
gesagt!" Doch im selben Moment realisierte er natürlich,
dass gerade sehr wohl etwas gesagt wurde, nämlich die
zwei Worte „Nichts gesagt!" Gerade diese Paradoxie über-
zeugte ihn, dass die analytisch psychokathartische Methode, wie sie von mir entwickelt worden ist, doch funktioniert, und zudem verstand er jetzt auch wie das Unbewusste konstruiert ist: nämlich durch psychische Gegenbe-
setzungen, durch ein „Andersherum" zum Bewussten.
Denn bewusst war er ja der Meinung gewesen, dass dieses
therapeutische Verfahren eigentlich „nichts sagt", es ist
Humbug, Nonsens. Das war auch die Deutung, die er diesem ‚ultrareduzierten Satz' sofort gab.

Das Unbewusste aber schob ihm im selben Moment eine
kleine Offenbarung, eine echte und weitere Deutung zu:
nämlich, dass er einen Widerstand hatte, dass das Unbewusste tatsächlich etwas ‚Wahres' sagt, indem es etwas
von ihm, in seinem Inneren selbst war, und er doch auch
das Gefühl hatte, als habe es ihm, ein Deuter, ein Lehrer,
ein *Anderer* (oder das *Andere*, das Gegenbesetzte in ihm,
das innere ‚Du', das ‚Es-Du') eingegeben. Ich beziehe
mich mit dem (groß zu schreibenden) *Anderen* auf Lacan,
der damit vor allem einen begrifflichen Bedeutungsknoten
meint, das unbewusste Zentrum des menschlichen Subjekts, man könnte fast denken er meint damit Gott. Aber

Gott ist für den Psychoanalytiker ein idealisierter *Anderer*. Freud sagte sogar ‚Gott sei das Ich-Ideal des Zwangsneu-rotikers' und J. Joyce lässt seinen Protagonisten S. Dädalus Gott als etwas Tautologisches räsonieren: „God is God and his name is God", fertig. Gott ist mit seinem Namen iden-tisch. Er ist der Bezeichner (Signifikant), der nichts Be-zeichnetes (Signifikat) braucht.

Doch so apodiktisch muss man es nicht ausdrücken. Der Normale ist der Angepasste, der, der sich an den anderen anpasst, der sich wiederum an weitere anpasst, wodurch sich eine große Anpassungsgemeinschaft bildet. Selbst wenn sie sehr groß ist, reicht sie aber nicht aus, um Glück und Frieden zu sichern, denn andere, nunmehr fremd ge-nannte, Gemeinschaften stehen dem entgegen. Und so gibt es bekanntlich bis heute keinen Gott, der allen Religions-gemeinschaften gleichermaßen dienlich wäre. Der/das *An-dere* (von Lacan meist nur als groß *A* bezeichnet) in mir selbst aber, der begriffliche Bedeutungsknoten in meinem Unbewussten, das große ‚Es-Du' in einem selbst, kann gleichermaßen in allen Menschen wirksam sein. Durch ein wissenschaftlich und nach psychoanalytischen Kriterien erstelltes analytisch-kathartisches Verfahren, kann man sich zu ihm ausbilden lassen.

So wie mein Proband durch das „Nichts gesagt" das eigent-liche ‚Sagen' erfahren (gehört) hat, ist es nämlich völlig verschieden, als wenn er bei sich selbst nach einiger Zeit kritischen Zweifelns und rein ‚gerichteten' Denkens den bewussten Einfall gehabt hätte: ach, vielleicht ist ja doch etwas an diesem Verfahren dran. Er wäre durch diese äu-ßere Logik nur sehr schwach überzeugt gewesen und hätte sich nicht davon abbringen lassen, das Ganze für Humbug zu halten. Aber als dies wie von tief heraus, wie fremd aus dem eigenen Inneren, und doch genau wie ein eigener Gedanke ihm zukommt, ist die Überzeugung eine andere. Plötzlich war aus dem „universalen Gemurmel" heraus, aus den Lauten, Klängen, Raunen der Übungs-Formeln, die er geübt hatte, das Unbewusste wie hörbar herausgetreten. Das erzeugt Erkenntnis und Befreiung.[39]

Die Übungs-Formeln (*Formel-Worte*) sind nämlich so disparat, so vielschichtig aufgebaut, dass sie nicht nur einen isolierten Lebensbereich überspannen. Sie sind sogar so vielschichtig, dass der oben genannte Übende gemeint hat: alles Unsinn, Nonsens. Solange kein *Pass-Wort* durch die Übungen herausgefunden ist, bleibt man einem Assoziations- Bedeutungs-Karussell unterworfen, das tatsächlich auch unsinnig sein kann, bis die letzte Interpretation gefunden ist, die allen Aspekten gerecht wird. Und etwas Paradoxes ist hier besonders eindrucksvoll. *Übungs-Formel* und *Pass-Wort* haben den gleichen linguistisch-kristallinen Aufbau.

Das Ganze erinnert auch an die Geschichte von dem ,Kreter, der sagte, dass alle Kreter lügen'. Etliche Philosophen haben sich den Kopf darüber zerbrochen. Dabei ist die Sache gar nicht so paradox, denn im Alltagsgeschehen wird sich jeder schnell denken, dass der Kreter offensichtlich viele seiner Landsleute meint, aber es gibt eben auch Ausnahmen wie ihn selbst. Oder: niemand sagt die volle

---

[39] Das universale Gemurmel ist das, was im Unbewussten spricht. Ich erkläre in späteren Kapiteln worin das Wesen dieser nach wissenschaftlichen Kriterien erstellten *Übungs-Formeln* besteht.

Wahrheit, weil dies gar nicht möglich ist, und so hätte er auch sagen können: ‚Die Kreter sagen immer nur die halbe Wahrheit', so wie er nun auch selbst. Nur das ‚Trialogische' lügt nicht, Es sagt immer die Wahrheit, und zwar ganz. Doch man kann dies niemandem von außen her beweisen. Man muss eine Methode erfinden, die einen innerlich ansteckt wie die *Analytische Psychokatharsis*, aber dazu auch noch wissenschaftliche Expertisen liefern. Beides ist notwendig.

9. Monte Baldo

Im Gegensatz zum West Grat der Marmolata ist es einfach, auf den Monte Baldo am Gardasee zu steigen. Mit der Bahn von Malcesine hochzufahren ist wenig sportlich. Ganz hinaufzugehen ist übertriebene Anstrengung. Eine Alternative ist es, mit der kleineren Bahn von Prada Alta aus ein Stück hinaufzufahren. Man geht dann noch etwas weiter bergauf und nimmt darauf den Höhenweg nach Norden so weit man Lust hat. Der Vorteil: die Bahn wird kaum von jemand benutzt, die Hänge sind mit knallblauen Enzian übersät, der Blick kann darin baden und sich verlieren, Spornblumen, Steinnelken, Pyramiden-Hundswurz und viele andere Gewächse eingeschlossen. Der Weg oben ist karg mit herrlichen Blicken hinunter zum Gardasee, und es ist gut nachzuempfinden, dass Menschen sich von hier mit Gleitschirmen hinuntersegeln lassen.

So etwas wäre immer schon mein Traum gewesen, als es diese Dinger noch nicht gab. Doch bald werden sie zum Albtraum werden, insbesondere, wenn der Himmel von ihnen voll ist und vielleicht auch noch motorgetriebene Flugdrohnen mit dazukommen. Über die wirkliche Lust werden außer all den Sport- Technikfreaks nur der Perverse, der Reiche oder der tonangebende, autokratische Obermops verfügen. Letzteren haben die Soziologie-Päpste Horkheimer / Adorno streng unter die Lupe genommen, und sie haben festgestellt, dass er immer gewinnt, wenn auch seine Macht, Größe und Ruhm schon wieder im

Abnehmen sind.[40] Selbst der Held Odysseus hat – ihrer Meinung nach – in ähnlicher Weise funktioniert, auch wenn er der aufkommenden griechischen Rationalität gedient haben soll, und sein Kampf gegen die Zyklopen nur dazu da war, den Menschen zu zeigen, wie die neuen griechischen Schlauköpfe über diese rüpelhaften Bauerntölpel wie den einäugigen Riesen Polyphem, siegen können. Dabei bedient sich Odysseus gemeinerweise der Tatsache, dass die Frühvölker noch diese wunderbaren Eigenschaft besaßen, Wort und Ding nicht so scharf auseinanderzuhalten wie ich es gerade im vorigen Kapitel betont habe. Polyphem glaubte, dass das Wort ,niemand' nicht das bedeutet, was es beinhaltet, sondern nur wie es klingt, und behauptete: „Niemand hat mich geblendet".

Wie im Märchen oder im Traum, konnten die Dinge noch sprechen und umgekehrt, hatten Worte noch total dinghafte Wirkung. Wenn Odysseus rief, dass sein Name ,Niemand' sei, hielt das der Zyklop noch wie heutzutage die Helden

---

[40] Horkheimer, M., Adorno, T. W., Dialektik der Aufklärung, Fischer (1988)

der Ostfriesenwitze für irrelevant. Den intellektuellen Schluss, dass seine Beschwerde, es ‚sei Niemand gewesen, der ihn verletzt habe‘, absurd war und nicht verstanden wurde, konnte er nicht ziehen. Der Typ war der Nicht-Name und der Nicht-Name war das Reale selbst. Herr Niemand war für Polyphem der bedeutendste Jemand, dem es gelang als unsichtbare Masse, als übermächtiger Doch-Jemand, als teuflischer Gott zu erscheinen. Im umgekehrten Sinne, dass sie nämlich die Ahnungslosigkeit vortäuschen, können heute nur noch Finanzinstitute und Technologiekonzerne und andere VIPs wirksam werden.

Damit bin ich wieder am Gardasee gelandet und bei einem Café auf einer entzückenden Landzunge bei Torri, wo ich mir Meditations-Ambiente erwartete. Aber das kleine VIP-Hotel direkt am Küstenfels ist überteuert, die Zimmer klein, so dass es wohl nur davon lebt, dass hier schon einige Prominente weilten wie Marie-Louise von Österreich, spätere Gattin Napoleons, Zar Alexander III., Otto Hahn, Winston Churchill, Laurence Olivier, Vivien Leigh, Prinz Charles und König Juan Carlos. Ja, wenn man sie alle da zusammen sehen könnte und hören, was Marie-Luise zu L. Olivier sagt und V. Leigh zu O. Hahn, wäre das vielleicht interessant. Zumindest interessanter, obwohl es eher wichtig wäre, sie würden das Internet hochethisch und mit viel Liebe ausstatten.

Auch der Tee ist nicht besonders und so muss ich mit einem Zimmer eines alten Kurhotels im Ort Garda vorliebnehmen, wo man noch gerade einen Blick zum See hat. Im Grunde genommen ist es – wie schon erwähnt – egal, welchen Platz man wählt (ich bin gegen die Behauptung, es gäbe magische Orte), aber dann muss man schon etwas fortgeschritten sein in der Kunst, das Unbewusste sprechen zu lassen. Denn im Gegensatz zum Gehirn, denkt, urteilt und kalkuliert – wie Freud sagte – das Unbewusste nicht, aber es weiß! Dagegen weiß das Gehirn nichts und es kann auch nichts von sich sagen. Das Gehirn ist Polyphem, und das Unbewusste Odysseus.

Trotzdem ist für den bekannten Philosophen und Sprachwissenschaftler J. R. Searle der menschliche Geist mit Gehirnfunktionen identisch. Er löst das Problem des ‚Sehens‘ und ‚Sagens‘ des Menschen einfach dahingehend, dass der Geist (der subjektiv, intentional und bewusst ist) auf die Materie, den Körper einwirken kann, aber ‚nur deshalb, weil diese obere Ebene (Geist) durch die unteren Ebenen (Körper, Materie) verursacht und in ihnen realisiert ist‘.[41] Das Unbewusste besteht dann aus nichts anderem als komplexen ‚intentionalen Gehirn-Netzen‘. D. h. Absichten, mehr oder weniger halbbewusste Intentionen, sind so neuronal vernetzt, dass sie unbewusst erscheinen, verdrängt. Das ist alles.

Weil das 'Sehen' und 'Sagen' von Searle sich permanent in den noch ganz indifferenten, unklaren vier Buchstaben H.I.R.N. kombinatorisch befreit, kann er alle möglichen Kühnheiten sagen: dass eben ‚Gedanken Hirnaktivitäten sind‘ und dass „die Menschen wissen, ohne Beobachtungen vorzunehmen, was sie tun". Denn das Gehirn ist für diese Forscher – in gewisser Weise wie früher der Gott – allwissend. Sehr häufig wissen die Menschen leider nicht, was sie tun, auch wenn sie Beobachtungen vornehmen. Das

---

[41] Searle, J. R., Geist, Hirn und Wissenschaft, Suhrkamp (1986) S. 94

Schicksal der meisten Menschen auf dieser Welt zeigt es uns täglich. Sind Gedanken wirklich nichts anderes als ‚Hirnaktivitäten‘? Gott mag als ideale Kombinatorik von 'Sehen' und 'Sagen' nicht mehr so aktuell sein, aber können wir durch den menschlichen Geist dies nicht anders bewerkstelligen? Gewiss mit Hirn, aber doch nicht nur damit.

Die Bewusstseinswissenschaftler, manche nennen sich auch Neurophilosophen, sind im Moment scheinbar die Gewinner dieser Diskussion. Sie sagen: ‚Bewusstsein ist schlicht und einfach ein Aktivitätsmuster von Neuronen‘, es ist eine ‚serielle, virtuelle Maschine‘, die mit der parallelen Maschine des Gehirns verschaltet ist.[42] Metzinger hat in einem 800-Seiten starken Werk Beiträge verschiedener Philosophen, Neurowissenschaftler und Kybernetiker zusammengetragen, von denen natürlich keiner eine wirkliche Klärung bringt, was Bewusstsein ist. Es ist auf jeden Fall ungeheuer komplex. Diese Komplexität veranlasst den Neurowissenschaftler T. Nørretranders, das Bewusstsein als das Ergebnis einer umfassenden Aussortierung von Information zu bezeichnen, einer meist täuschenden Aussortierung. ‚Das Bewusstsein ist Tiefe, erlebt als Oberfläche‘,

---

[42] Churchland, P. S., Die Neurobiologie des Bewusstseins, in Metzinger, Bewusstsein, Schöningh (1996) S. 474. Nun muss man ergänzend sagen, dass für Freud das Unbewusste die eigentliche Seele ist, das Bewusstsein ist nur eine Art Spiegelung der Wahrnehmung. Etwas anderes ist das Selbst- bzw. Ich-Bewusstsein, das eine komplexere Spiegelung ist. Ein Tier hat kein Ich, es würde von sich wie das menschliche Kind in der dritten Person reden.

alles irgendwie richtige, originelle Aussagen – aber sie führen trotzdem noch zu keinem Schluss.[43]

Meine Auffassung: jeder muss die Möglichkeit haben, von sich aus zum Bewusstseins-Wissenschaftler seiner selbst werden und sich so selbst Wissen darüber erarbeiten zu können. ‚Der Geist in der Teilnehmerperspektive‘, schrieb der Wissenschafts-Philosoph H. Hastedt schon vor Jahren, ‚ist als Subjekt der Erkenntnis methodisch vorrangig gegenüber Geist und Körper als Erkenntnis-Objekten in der Beobachterperspektive.‘[44] Das heißt eben, dass wir die Wissenschaft herunterholen müssen auf das Niveau allgemeiner und allgemeingebildeter Teilnehmer, und dass diese Teilnahme eben geknüpft ist an eine gleichzeitige Subjektbezogenheit, Selbstfindung, Selbsterkenntnis. Wie ich im letzten Kapitel sagte: beides, subjektives angesteckt Sein und wissenschaftliches Durcharbeiten ist notwendig. Im Grunde genommen ist dies der Ansatz, den auch die Psychoanalyse S. Freuds vor mehr als hundert Jahren genommen hat. Er hat sogar von der Laienanalyse gesprochen. Jeder sollte Psychoanalytiker werden, also angesteckt sein vom Faszinosum des Unbewussten, und in diesem Rahmen wissenschaftsbezogene Aussagen machen können.

Man kann auch auf der anderen Seite des Gardasees schöne Wanderungen machen. Ich denke z. B. an das ‚Valle delle Cartiere‘, das Tal der Papiermühlen. Das Tal ist gut von Maderno aus zu erreichen. Vom Parkplatz im unteren Teil

---

[43] Nørretranders, T., Spüre die Welt, die Wissenschaft des Bewusstseins, Rowohlt (1997) S. 414

[44] Hastedt, H., Das Leib-Seele Problem, Suhrkamp 1989) S. 291

aus kann man in etwa zehn Minuten auf ein Museum tref-
fen, das sich in einer der ehemaligen Papierfabriken (es soll
dort zahlreiche solcher Mühlen gegeben haben) befindet.
Hier wird vielseitig und anschaulich die Herstellung und
Geschichte des Papiers seit dem 15. Jahrhundert erklärt.
Erst in den fünfziger Jahren des letzten Jahrhunderts konnte
diese Fabrik nicht mehr mit den modernen Produktionen
konkurrieren. Vom Museum aus führt dann ein schöner
Wanderweg weiter ins Tal und an Felssteigen entlang zum
Dorf Gaino, von wo aus man einen herrlichen Blick über
den See hat.

Unten, in Gardone, gab es spät im Herbst, kurz vor der
Schließung im Oktober, einen guten Rabatt im Grand Hotel, das sich vielleicht zweihundert Meter lang mit Terras-
sen und Restaurationen am Strand des Gardasees entlang
zieht. Dort fand sich auch um diese Jahreszeit noch ein sehr
gut geheiztes Außen-Schwimmbad, das sich auch nicht
schlecht für die Erholung von der sportlichen Wanderung
eignet. Das Hotel atmet noch ein wenig alte Pracht, ein wenig Kurhotel-Nostalgie von Neunzehnhundert, und unter
einem knorrigen Baum war es gut nur zu sitzen und einmal
nicht zu meditieren. Man kann nicht immer mit seinen
Doubles identisch sein, wie es der Philosoph C. Rosset als
Übung zu seelischer Ganzheit empfahl.[45] Positive Persön-

---

[45] Ich beziehe mich hier auf die Äußerung des Philosophen C.
Rosset, der wie Freud – und ja auch Wittgenstein – davon ausgeht, dass der Mensch in sich zwiegespalten ist, und dass das
Reale (das psychisch Reale), das ganz und einheitlich ist, nur
dann zum Vorschein kommt, wenn man seine Doubles kennt
und mit ihnen einig werden kann (Rosset, C., Das Reale, Traktat
über die Idiotie, Suhrkamp(1988) S. 50-63).

lichkeit, seelisch-intellektuelle Festigkeit, gute ‚Objekt-Konstanz', sind Annäherungsbegriffe für diese Vorstellung des Realen als psychischer Ganzheit, die dennoch nichts dazu aussagen, was es letztlich damit auf sich hat.

F.-M. Staemmler, der von der Gestalttherapie des Psychotherapeuten F. Perls herkommt, drückt dies alles viel wissenschaftlicher und besser aus.[46] Er zeigt plausibel auf, dass das ‚Selbst' etwas völlig unstet und durchlässig Variables ist. Es hat eine ‚Bezogenheits'- und eine ‚Leiblichkeits'- Seite. Es ist ein situationsbedingter ‚Prozess', kein statisches Ding. Es entsteht dann ‚selbst'-verständlich die Frage, wie man mit sich als einem solchen ‚Selbst' überhaupt noch richtig und wahrheitsgemäß umgehen kann, um zu sich ‚selbst' zu kommen. Das muss man vielleicht auch gar nicht, denn Staemmler schreibt, dass dieses „dialogische Selbst in seiner Entwicklung nie abgeschlossen, ja „prinzipiell nie abzuschließen ist". Klar, mit dem Dialog allein funktioniert es nicht, es fehlt Wittgensteins ‚Trialog'.

Staemmler empfiehlt hier den Begriff der Konsistenz, also des Zusammenhalts, der Stimmigkeit oder kompakten Beschaffenheit psychischer Einstellungen bzw. der von ‚Selbst-Positionen'. Der Begriff Konsistenz ist aus der Materialkunde und der Mathematik bekannt. Das mathematische Beispiel, das ich oben von Lacan und der psychisch kranken Frau gegeben habe, könnte sich in diesem Sinne durchaus als ‚konsistent' erweisen, auch wenn es mit der offiziellen Mathematik nicht übereinstimmt. Und so

---

[46] Staemmler, F.- M., Das dialogische Selbst, Postmodernes Menschenbild und psychotherapeutische Praxis, Schattauer (2015)

können auch die ‚Stimmen' der verschiedenen ‚Selbst-Positionen' in Staemmlers Darstellung, selbst wenn der Mensch hierbei fast Widersprüchliches aus sich herausbringt, noch Konsistenz, also Geschlossenheit und Stimmigkeit aufweisen. Trotzdem ist mir Staemmlers Argumentation nicht ganz klar.[47]

Man muss sich nämlich letztlich auch nach der Konsistenz des ‚dialogischen Selbst' des Therapeuten fragen. Dieses ‚veränderliche, fließende, nie festgelegte und plurale, dialogische Selbst', wie es Staemmler auch nennt, ist faszinierend. Aber ist es damit nicht auch offen für Abgründe? Fehlt dem ‚Dialogischen' hier nicht gerade das Dritte, damit es Trialog wird? Staemmler beruft sich außer auf F. Perls auch auf die allgemeine, akademische, psychologische Wissenschaft. Doch die Gestalttherapie sucht nur die ‚gute Gestalt', nicht die Wahrheit. Ich versuche Konsistenz in meinen *Übungs-Formeln* zu geben, die sich perfekt mit der ‚Insistenz' des Unbewussten (dem Drängen der unbewussten Buchstaben) überschneiden, um – als Drittes – zur wahren ‚Ex-Sistenz' zu kommen.[48]

Lacan schreibt das Wort Existenz gerne so, nämlich als etwas, das ‚Ex', also von außen her, ‚Sistiert', d. h. beständig ist, das – wie es wohl auch für den Trialog gilt – schlicht durch die Dreieinigkeit besteht. Die Konsistenz steht dem

---

[47] Bei Staemmler steht neben Therapeut und Klient noch ein leerer Stuhl, zu dem der Klient als einer von ihm vorgeschlagenen und somit gegenübersitzenden Person sprechen soll. Ein Stuhl als Dritter im Staemmler'schen ‚Trialog' ist mir zu wenig.

[48] Lacan, J., Das Drängen des Buchstaben im Unbewussten oder die Vernunft seit Freud, Schriften Bd. II, Walter (1975) S. 15

Erscheinungs-Wirkenden, dem Imaginären, nahe, die Insistenz dem *Wort-Wirkende*m, dem Symbolischen. Damit kann ich wieder an das Schema der sich überlappenden Strukturen, der sich ‚überklingenden' Wortlautbilder, anschließen, die in den *Formel-Worten* wie in den *Pass-Worten* gleichermaßen das Wesentliche sind. Sie bestehen und wirken nur in diesen puren, formalen, Überkreuzungen, die imaginär, symbolisch, aber eben auch real sind.

Ich habe nebenan ein derartiges *Formel-Wort* dargestellt, Es enthält das ‚Sagen' in der Form eines Es (das Freud'sche Es), das *Spricht,* so geschrieben, weil es kein übliches Sprechen ist, sondern eines, das aus den erwähnten B(r)uchstaben zusammengesetzt ist. Und es enthält auch ‚Sehen' in der Form eines Es, das als Kreis *Strahlt*, das als direkt Augenscheinliches, Kristallines gezeichnet ist. In ENS – CIS – NOM überlappen sich die folgenden Bedeutungen. Geht man einmal vom M oben links aus, so heißt MENS CIS NO, der Gedanke diesseits, innerhalb von No, vom N ausgehend: NOMEN SCIS, du kennst den Namen, OMEN SCIS N, du kennst das Omen N, CIS NO, MENS, diesseits schwimme ich, oh Geist, ENS CIS NOM, das Sein diesseits vom Namen C IS NOMEN S, hundert dieser Name S, usw. So unsinnig manche sind, wichtig ist nur ihre wissenschaftliche Verwendung, die ich noch weiter beschreiben will.

10. Teide – Teneriffa

Eine kanarische Insel, die für tausende Senioren aus Europa zum Wintersitz geworden ist. Mitte der siebziger Jahre konnte man noch problemlos mit der Seilbahn auf den Gipfel des Teide fahren, was mit kleineren Kindern ratsam war, denn die Tour von ganz unten dauert hin und zurück doch ca. sechs bis sieben Stunden. Damals musste man auch kein Permit haben, um die letzten siebenhundert Meter bis ganz hinauf zu gehen. Heute bekommt man einen Zeitabschnitt, an dem man losgehen muss, damit nicht zu viele Leute auf einmal am Gipfel sind. Dennoch ist der Blick über die Caldera und die Insel phantastisch und das Gefühl, dass man auf einer Erhebung aus Urgestein steht, ebenfalls. Man sieht über die gesamte Inselwelt des kanarischen Urlaubsgetümmels.

Ich weiß nicht, ob es noch heiße Tipps gibt für einen tollen Strand. Denn der Süden war früher schon wegen Überfüllung und stilloser Monsterbauten unbrauchbar. Lediglich bei El Medano, wo damals gerade der Flughafen gebaut worden war, gab es einen noch fast einsamen Strand mit großartigen Surfwinden (heute Punta Hildago?). Schön ist die Strecke von Las Mercedes zur Küste hinunter und die Höhen von Acantilados de la Culata. Das Orotava-Tal, das einstmals als heimeliges, stets frühlingshaftes, subtropisches Paradies gehandelt wurde, war schon zur Zeit meines Besuches bis auf den botanischen Gartens (Blühende Bananenstauden, Lilien, üppige Strelitzien) unbesonders. Doch der Fehler lag wohl daran, dass man mir davon zu extrem vorgeschwärmt hatte.

Gott sei Dank ist man in einem viereinhalb Stunden Flug wieder zu Hause. Man sieht vom Flugzeug aus noch ein gutes Stück der marokkanischen Küstenregion unter sich und kann mit dem Auge die Region nachfahren, in der man vielleicht ebenfalls einmal gewesen ist. Essaouira mit seiner turmbewehrten Hafenmauer und der uralten Medina. In den siebziger Jahren war die Stadt Hochburg der Hippies. Zuerst aber kamen Jimmy Hendrix und Bob Marley, dann Maler und Schriftsteller und schließlich das Fußvolk der Strand-Party-Gänger. Danach überfliegt man Safi, schon fast eine Großstadt mit seinem Meeresschloss.

In 1983 kam gelegentlich ein flüchtender Afrikaner auf einer der Kanareninseln, z. B. auf Fuerteventura an. Heute sind es hundert Mal mehr. Es sind nur achtzig Kilometer Entfernung zwischen beiden Ländern. Leider musste ich, als ich auch einmal auf dieser Insel (Fuerteventura) weilte, erleben, wie einer dieser Flüchtlinge am Strand tot zusammengebrochen war. Man wusste gar nicht, mit was er herübergekommen und ob er noch lange halbbewusst dort gelegen war. Wer kümmert sich schon um einen am Strand Liegenden, wo doch alle dort liegen sich zu sonnen.

Allerdings liegen die Touristen in Fuerteventura meisten nackt im Sand und es ziehen auch Ströme Nackter kreuz und quer durch die Insel, obwohl diese – nicht wie oben von Korsika beschrieben – kein FKK-Gelände ist. Viele tragen ihre Rucksäcke auf dem Bauch und darunter baumelt dann ihr Geschlechtsteil, was mehr grotesk als kurios anzusehen ist. Weitere Schilderungen erspare ich dem Leser, denn während die Firma Benetton einmal mit den Körpern alter nackter Menschen, die schön und elegisch waren, Reklame machte, sind die Nackten auf Fuerteventura ein skurriles Kuriositätenkabinett.

Wahrscheinlich dient das Ganze wieder der Wittgensteinschen Z-Achse, der lockeren und freien Sexualdifferenzierung. Doch Wittgenstein plädiert dafür, die Sexualdifferenzierung ins psychoanalytische Sprechzimmer zu verlegen. Dort wird nämlich die kindliche Erotik (Eros wird bekanntlich immer als Knabe dargestellt) in die erwachsene ‚Aphroditik' verwandelt. Wittgenstein kreierte diesen Ausdruck, um klarzulegen, dass das Liebesleben der Erwachsenen sich eher an der griechischen Göttin Aphrodite zu orientieren habe, während Eros nur kindliche, phallische Pfeile verschicken kann, ohne zu wissen warum.[49] Nun ist das Leben der Aphrodite nicht gerade das vorbildhafteste. Schon bei der Preisfrage, wer die schönste Frau sei, hatte sie die Göttinnen Hera und Athene ausgetrickst, indem sie dem jungen Paris die ‚schöne Helena' versprach, wenn er sie zur Siegerin machen würde. Im späteren Leben hatte sie neben ihrem Mann Hephaistos, dem Gott des Feuers, noch

---

[49] Wittgenstein, O., , sagen, hören, sehen, Band II, Bonz (1978) S. 244

zahlreiche andere Geliebte, so zum Beispiel den Kriegsgott Ares, mit dem sie fünf Kinder zeugte.

Von dem schönen Jüngling Adonis, dem antiken Reklame-Schönling, konnte sie allerdings nur in einer kleinen Dose einen Bluts- bzw. Samentropfen konservieren, bezüglich dessen dann weitere Mythen entstanden. Heute würde man seine DNA einfrieren und weltweit zur Verfügung stellen. Aber worauf ich hinaus will ist die Frage, ob der Begriff der ‚Aphroditik' wirklich so ideal ist. Für unser eheliches Beziehungs- und Familien-Ideal ist er jedenfalls nicht so ganz geeignet. Nun ist gewiss Hera, die ‚Mackerfrau', die steife, spießige Hausherrin, die alles im Griff hat, auch wenn ihr Mann, der Macker, sie hintenherum betrügt, auch kein besseres Vorbild. Und die Karriereikone Athene, die ständige Besserwisserin, taugt ebenso nicht zur Erfüllung der ‚Trialogie', für die man doch eine Figur braucht, die analog den drei Grazien die drei Achsen vereinen könnte.

Gott-Vater, wie er später in den monotheistischen Religionen auftaucht, ist als Vollender des ‚Trialogs' ein anderer Fall. Er ist allerdings eine zu sehr mythische ‚Vatermetapher', das Über-Ich, das alle Regungen regelt, und damit wohl auch nicht so ganz ideal zum ‚Trialogischen' passt. Wittgenstein empfiehlt stattdessen eine dreifache ‚Entbindung'. Zuerst die des Fetus aus dem Embryo, dann die des Säuglings aus dem Fetus bei der realen Geburt. Und dann noch die dritte ‚Entbindung' aus den ‚Identifizierungen mit den Eltern, um zur eigenen Identität zu erwachsen. . . Mit ihr erwächst dem Menschen die Möglichkeit zu mitmenschlicher Kommunikation in kreativer Beziehung. Durch sie wird er zu einem Dialog bereit, in dem jeder sich im Spiegel des anderen neu entdecken kann, und nur dadurch wird jeder zu einem bewussten Teil eines dreiteilig-einigen Menschen,' bis hin zum ,Trialog', schreibt Wittgenstein.

Klingt alles recht gut, aber wie erreicht jeder diese letzte ,Entbindung' in der Praxis? Ich könnte eine Geschichte aus Teneriffa bringen, die zwar nur eine schwache Allegorie zum Wesen der Wittgensteinschen ,Entbindung' darstellt, aber immerhin ganz nett ist. Eine charakteristische Pflanzenart auf Teneriffa ist nämlich der Kanarische Drachenbaum (*Dracaena draco*), man findet ein über vierhundert Jahre altes und sehr imposantes Exemplar bei Icod de los Vinos im Nord-West-Bereich der Insel. Das Interessante an diesem Baum ist die Tatsache, dass er zu den Liliengewächsen (Spargelgewächsen) gehört, einkeimblättrig ist, seit Urzeiten überdauert hat und so eigentlich gar kein Baum sein kann. Er bildet keine Jahresringe und so könnte das Alter der Pflanze bei Icod de los Vinos auch noch viel älter sein als man bisher berechnet hat, nämlich vierhundert Jahre. Indem der Drachenbaum verholzt, kann sein Stamm dicker werden und so bis zu zwanzig Metern hoch werden. Beim Abschneiden der Rinde kann man das rötliche ,Drachenblut' gewinnen, das die Ureinwohner, die Guanchen, zum mumifizieren der Toten und als Medizin verwendet haben.

Der Baum ist also tatsächlich durch seine sich ständig neu bildenden Triebe, bei deren Abbruch sein ,Blut' austritt, eine schöne Metapher für den Begriff der ,Entbindung'. Wie er es schafft so ein eindrucksvolles Gewächs zu werden, das zudem noch eigenartige Blühperioden hat und so ein ungeheures Alter erreicht, ist bis heute ein Geheimnis, an dem man das Wesen des Lebens studieren kann. Manche

Dinge kann eben auch die Botanik nicht ganz entschlüsseln und so sehe ich die menschliche ‚Entbindung', wie sie Wittgenstein im Sinn hat, als etwas an, wozu die Naturwissenschaft aber auch die Geisteswissenschaften kein letztes Wort mehr haben. Ich brauche es nicht mehr zu betonen, dass das letzte Wort nur jeder selbst in sich trägt und es in sich hörbar machen muss. Jeder muss sich in dieser – laut Nikodemus Gespräch der Bibel – ‚zweiten' Geburt selbst entbinden. Die‚ dritte Entbindung' ist nicht nur die von den Eltern, sondern auch die vom eigenen, noch unreifen Selbst.

Damit kann ich nochmals auf Perls / Staemmlers Gestalttherapie zurückkommen, bei der neben Therapeut und Klient noch ein leerer Stuhl steht, zu dem der Klient als einer von ihm vorgeschlagenen und ihm somit gegenübersitzenden Person sprechen soll. Der Therapeut kommentiert diesen Vorgang, lässt den Klienten dann selbst auf dem leeren Stuhl Platz nehmen, wo dieser dann auch als die vorgeschlagene Person antworten soll. So würden ‚Selbst'- und ‚Fantasiegespräche' mit dem Klienten geübt bzw. zugelassen, damit die verschiedenen ‚Stimmen' der ‚Selbst-Positionen' zu Wort kommen, erklärt Staemmler. Den ‚Stimmen' – und hier spüre ich schon einen deutlichen Bezug zu meinen *Pass-Worten* – muss nicht unbedingt ein verbaler oder vokaler Ausdruck zukommen, sagt er.

Ein ‚Sich-Bekreuzigen' kann auch als innere Stimme verstanden werden. Doch ist damit nicht wieder allen Bedeutungen Tür und Tor geöffnet? Staemmler behauptet, dass trotz Stimmengewirr oder evtl. gerade deswegen Kommunikation von „Abstimmung, Verständigung und Auseinandersetzung . . . *mit Anderen*, aber auch . . . *mit sich selbst* im Sinne einer Selbstregulation möglich ist." Es läuft alles gut bei ihm, aber fehlt nicht das, was Lacan als das Wesentlichste betont: dass das Sprechen nicht so sehr dem Austausch und der Regulation dient, sondern der ,Enthüllung'?

Und zum ,Enthüllen' muss man, so der chinesische Philosoph Tschuang Tse, die Sprache mehr oder weniger (fast) vergessen. Er sagte: ,Oh, würde ich nur einen Menschen kennen, der die Sprache vergisst, damit ich mit ihm reden könnte!'[50] Erst dann kann man die wirkliche Stimme hören, die nämlich, die direkt aus dem Unbewussten kommt, weil man alle anderen Stimmen vergessen und verloren hat. Und dazu muss man doch auch ein ganz präzises, linguistisches Werkzeug haben, und nicht nur die uferlos vielseitigen Dialoge, die auch Albernheiten und Nonsens-Gespräche sein können wie Staemmler schreibt. Wenn man schon vom Dialog reden will, müssen darin Schnittstellen enthalten sein, an denen die Sprache immer wieder ein bisschen vergessen wird. In sich übereinanderlappenden Dialogen muss man dann die Schnittstellen nach psychoanalytisch-linguistischen Kriterien noch weiter herausarbeiten, um den ,Trialog' zu erreichen. Ich komme erneut darauf zurück.

---

[50] Billeter, J.-F., Das Wirken in den Dingen. Matthes & Seitz, S. 60

11. Grand Canyon

Ich weiß nicht mehr an welcher Stelle ich den Grand Canyon hinunter und wieder hinaufgestiegen bin und auch nicht wie weit. Ganz bis hinunter zum Colorado River hat es nicht gereicht, man hätte wohl auch ein Permit gebraucht, um dort unten übernachten zu können. Aber eine vier bis fünf Stunden-Tour war auch genügend. Hello, hello, sagt man zu allen Entgegenkommenden und sieht sich die verschiedenen Erdschichten an und das großartige Felspanorama. Die Erstbefahrung des Flusses vor fast 150 Jahren in Holzruderbooten war noch ein hundsgefährliches Abenteuer, da man im Notfall die Felswände nicht mehr hätte hochklettern können, aber heute kreist man einmal mit dem Hubschrauber oben darüber, und das tut´s auch. Hauptsache man hat das Ding in sich gespeichert und abgehakt.

Naturerlebnisse sind schon etwas Tolles, aber irgendwann kommt der Punkt, wo selbst diese gewaltige Erde und ihre schier unerschöpflichen Abenteuerlandschaften das nicht mehr hergeben, was man braucht. Überwältigt sein durch Erstbegehung könnten eine Ausnahme darstellen. Als Erstbesteiger bin ich allerdings nur in mir selbst hochgestiegen, zwar überwältigt und eben auch als Erster. Allerdings hatte ich ebenso mit den Problemen der Erstbesteigung bzw. Ersterkundung zu kämpfen. Einmal kam ich so weit in der Welt der Bilder des Unbewussten – oder auch des Gehirns, der puren Bilder, Blicken und Spiegelungen, es ist egal wie man es nennt – nach oben, so dass ich spürte, wie man Probleme mit dem Zurückkommen haben könnte.

Auch der Philosoph Hegel soll einmal die Versuchung zum Wahnsinn gespürt haben. Man kann's verstehen, wenn man seine unermesslichen Begriffsinventarien durchforstet. Der indische Yogi Ramakrishna drang auf andere Weise so hoch oder tief in die Welten der Imagination ein, dass man ihn von außen durch Massagen und Wecken wieder bewusst zu sich bringen musste. So etwas passt natürlich nicht in unsere moderne Zeit. Es handelt sich hier auch um eine missverstandene Art der Meditation. Ramakrishna war viel zu krank, er hatte Halluzinationen und bekam z. B. Nesselausschläge, wenn ihn eine Frau berührte. Er starb früh an Krebs und auch seinem Schüler Vivekananda erging es nicht anders, so als hätten sie sich magisch angesteckt. Es ist zu heikel über die Psychosomatik von Krebserkrankungen zu sprechen, aber es gibt – gerade über die Mechanismen der Epigenetik – sicher Zusammenhänge zwischen Krebs und Psyche.

Außer dem Grand Canyon und dem Colorado River sind auch der Lake Mead und das Death Valley mit seinen über vierzig Grad heißen Temperaturen erwähnenswert, wenn man sich schon so weit in Kalifornien befindet. 1970 stand an der Death Valley Junction inmitten der Wüste das ‚Opera House' der Tänzerin Marta Becket und es steht wohl auch heute noch da. Trotz der Hitze gab es dort gelegentlich eine Aufführung, die sie selbst leitete. Heute ist die Stelle meines Wissens nach zum Tummelplatz geworden. Somit fährt man vielleicht besser nach der Besichtigung der Oper noch in die bizarre Erosionslandschaft des Zabriskie Points, in der Antonioni ebenfalls 1970 seinen gleichnamigen Film drehte. Alles Nostalgie, nur ein Anstoß für das Nachdenken über die Nähe von Live and Death, für die sich diese Wüstenlandschaft doch sonst gut eignet.

Von der Wüste als einem guten psychotherapeutischen Übertragungs-Objekt habe ich schon gesprochen. Das muss wohl immer schon so gewesen sein, denn die alten Eremiten, wie etwa der Heilige Antonius, bevorzugten ja dieses leere, von Sandverwehungen majestätisch gemachte Gelände. Allerdings wartete auf den Heiligen Antonius keine Rückkehr in ein schönes Zuhause mit Ledercouch, Geschirrspüler, vollem Kühlschrank und HDTV-Fern-se-her. Er war auf Gedeih und Verderb der Wüste ausgeliefert, so wie offensichtlich auch viele frühere Wanderer auch im Death Valley, deren Skelette man angeblich immer noch irgendwo liegen sehen kann. Auch Karl May hat sich diesbezüglich geäußert, als er schrieb: ‚Es war, als ob hier einmal ein großer Brand gewütet habe, .. oder als ob hier der Eingang in das glühende Innere der Erde sei, der sich mit Felstrümmern vor Kurzem erst verschlossen habe.'

Die Wüste ist also hier zu heiß, und anderswo, wie z. B. in den Wüsten der Sahara werden heutzutage solch romatisierte Schauergeschichten und Schwärmereien durch vagabundierende Terroristen verhindert. Sie treiben den

Menschen diese blödsinnigen Träume vom Seelenheil in der Wüste bereits durch ihre bloße Gegenwart aus. Anfang des neuen Jahrhunderts machten brutale Geiselnahmen von Kriminellen von sich reden, nichts anderes sind es jetzt die Geschichten über radikale Islamisten. Aber ist es nicht wirklich ein klares Signal gegen den Wüstentourismus und auch gegen zu viel Tourismus in Länder der Dritten Welt? Es ist doch verrückt, wenn Menschen aus den gerade oben genannten Ledercouch- und HDTV-Fernseher-Ländern in die mit Armen und Kranken und von einem Euro am Tag Lebenden fliegen, nur um sich das anzusehen. Ich könnte es verstehen, wenn man uns schon bei der Ankunft am Flughafen das ganze Geld abnehmen würde oder gar noch Schlimmeres antäte.

Denn wir bringen den Menschen dort kein Glück. Das Geld, das wir dort ausgeben, verschwindet in ein paar Tourismus-Manager-Kanälen, und das war's dann. Meditation kann man ihnen auch nicht liefern, das haben sie ja eher uns gebracht. Das Einzige, was man tun kann, ist über sie zu schreiben. In Amerika allerdings ist das anders. Die Amerikaner – nicht nur jetzt die im Death Valley und im sonstigen Kalifornien – sind zu Europäern stets nett und zuvorkommend. Wenn man sich daran gewöhnt hat, dass man im Restaurant nach dem Essen schnell zahlen und wieder gehen muss, ist alles ok.[51] Geschichtskenntnisse haben sie keine, ist ihre Nation ja auch erst ein paar hundert Jahre alt. Ich besuchte in Kalifornien einige Meditationsgruppen. Sie verhielten sich sehr schwärmerisch und exaltiert. Wenn

---

[51] Ein native American erzählte mir, dies hänge vom Trinkgeld ab, das das alleinige Einkommen der Kellner sei.

es ihnen gelang, in der Versenkung emotional Höhe zu gewinnen, war ihnen das genug. Aber es war interessant und doch auch kommunikativ und gut um die englische Sprache besser zu lernen.

Aber so wie man niemandem eine Psychoanalyse antragen kann, so kann man auch niemanden zu einer Meditation drängen. Für die meisten besteht der Anlass zum Meditieren in Krankheit, Not oder Verzweiflung so wie bei Tim Parks, der zumindest seine Beschwerden damit lindern konnte.[52] Doch seine Vipassana-Meditation bedeutet, dass man sich asiatischer Kultur und Denken anschließen muss, die er in einem weiteren Buch dann auch als Problematik erkannte. Hilfe kann nur bieten, wenn Meditation wissenschaftlich begründet ist, was ihre intuitive Vielschichtigkeit nicht einschränken muss. Wissenschaftlich begründet muss ja nur ihre Methodik sein, alles andere ist dem Unbewussten und der Deutungskunst jedes einzelnen überlassen.

Wenn man schon in dieses Land des Grand Canyon reist, sollte man einen Besuch in Las Vegas nicht vergessen. Nicht nur wegen der Einarmigen Banditen, wie die Slotmaschinen heißen oder wegen Black Jack. Auch ein Besuch auf der Poolterasse des Hilton tut gut. Wird man am Eingang gefragt, was man will, geht man entschlossen weiter und nennt dabei einfach eine Zimmer Nummer. Ob der Schlüssel jetzt am Bord hängt oder nicht, schon ist man am Lift und bekommt auf der Terrasse feuchtkalte Tücher, etwas zu trinken und ein Bad im lauen Pool. Mein Schwager hat mir diesen Trick verraten. Der Amerikaner, mit dem ich

---

[52] Parks, T., Die Kunst Stillzusitzen, Goldmann)2012)

mich dann auf der Terrasse unterhielt, murmelte ständig etwas von ‚Don´t gamble'. Dass es (1970) ein West- und Ostdeutschland gibt, wusste er nicht.

Ein Besuch im Monument Valley oder im Yosemite Park ist bei einer Reise in Südkalifornien meist gut einzuschließen und lädt zum Bergwandern ein. Die gewaltigen Sequoias, die Mammutbäume, zu sehen, die seit Urzeiten auf die menschlichen Zwerge herunterschauen, bedeutet wieder ein bisschen kontemplatives Staunen und Ergriffensein. Es geht eben immer um das etwas Außergewöhnliche, das einen sich selbst zur Besinnung kommen lässt. Denn meistens reist man an die Punkte, wohin alle anderen auch reisen. Dazu gehören die Sequoias zwar ebenso, aber im Verbund mit dem Yosemite Park ist der Besuch doch äußerst lohnend. Auf einer Kalifornien-Tour fährt man im Übrigen immer zur Golden Gate Bridge in San Francisco, besucht Big Sur und Esalen, San Diego und Tichuana in Mexiko.

Big Sur und seine heißen Quellen und das Esalen-Institut für Psychotherapie- und Sozialforschung zogen viele Künstler und Wissenschaftler in ihren Bann. Joan Baez, Paul Tillich, Henry Miller, Fritz Perls, Carl Rogers, Timothy Leary waren bekannte Gäste, aber auch Akteure. Auf die Big-Sur-Festivals kamen auch Bob Dylan, Bruce Springsteen, Judy Collins, Ravi Shankar, Ali Akbar Khan, George Harrison, Ringo Starr, Airto Moreira, und Donovan, um nur einige zu nennen. Kurz: das alles galt als Magischer Ort, was freilich keine gute Bezeichnung ist. Die Sehnsucht nach besonderen Orten, nach esoterischen Mächten, nach mythischen Genüssen ist heutzutage besonders groß. Wir müssen uns eben was Nahrung und ein Dach über dem Kopf angeht, nicht mehr so verausgaben, also suchen wir Kicks.

Und kurz: Meditation und Psychoanalyse sind kein Wiederspruch. Schon ein Blick auf die verschiedenen Methoden zeigt, dass beide das gleiche betreffen und sehr ähnlich sind. Sie lassen sich über ihre festen Begriffe und gedanklichen Werkzeuge gut in Beziehung setzen: So hört der Analytiker mit – wie Freud es nannte – „gleichschwebender Aufmerksamkeit" seinem Patienten zu, während in der Meditation der Übende selbst mit ebenso schwebender Aufmerksamkeit in sich hineinhorchen muss. Genauso entsprechen die „freien Assoziationen" (die freien Einfälle, die der Patient in der Analyse äußern muss) den scheinbar freien und verschiedenen Bedeutungen in den von mir noch später und weiter erklärten *Formel-Worten*, sowie auch dem Auftauchen von anderen Gedanken in der Meditation. Doch werden die unspezifischen Gedanken weggeschoben zugunsten einer linguistisch begründeten Bedeutungsverknotung der *Formel-Worte*. So werden die Einfälle schon etwas geführt, das heißt, rein formal vorstrukturiert.[53]

Der Analytiker ist zwar während der Anwendung des psychoanalytischen Verfahrens viel mehr persönlich gegenwärtig (als *Übertragungs*-Objekt und als Deuter). Auf die hinderlichen Aspekte der Gegenübertragung (auch der Therapeut reagiert auf Übertragung auf die des Patienten)

---

[53] Dem Wort „geführt" widerspricht nicht, dass man in der Meditation versucht „Einfälle" möglichst auszuschalten. Sie lassen sich eben nie ganz ausschalten und nach einer Zeit der Meditation treten ja auch wieder viele Gedanken auf, die die nächste Meditation wieder beeinträchtigen können.

weise ich nur kurz hin. Lacan meint sogar, dass dies einer der Hauptwiderstände gegen die Therapie und deren Wahrheitsfindung ist. Auch die „gleichschwebende Aufmerksamkeit" ist problematisch. Sie kann nie so weit in die Tiefe reichen wie in einer Meditation, da der Therapeut gleichzeitig dem Patienten zugeneigt bleiben muss. Zudem kann niemand wirklich so tief und völlig spontan assoziieren, wie es gut wäre. Trotzdem eignen sich für beide Methoden die Vergleiche.

In der Meditation tritt die physische Person des Lehrers in den Hintergrund, dafür ist die Lehre als solche jedoch starrer. Hier findet die *Übertragung* sozusagen in den reinen virtuellen Raum, in das Nichts hinein statt. Man hat dies immer schon generelle, wilde *Übertragung* oder *Übertragung* außerhalb der Analyse genannt. Die „freien Assoziationen" in der Meditation sind jedoch anderer Art. Sie teilen sich auf in die mehr bildhaften Aspekte, die spontan beim Meditieren auftauchen und nicht so wichtig sind. Dagegen sind die Assoziationen, die das Unbewusste direkt zu der *Pass-Wort*-Bildung beiträgt entscheidend. Sie sind auch authentischer und wichtiger als die in der klassischen Psychoanalyse.

Denn sie kommen ja direkt aus dem Schnittpunkt noch kaum verbaler, also wirklich sehr unbewusster, wenn auch symbolisch vorstrukturierter Anteile des Unbewussten. Sie vermischen sich im Moment des beginnenden Wach- und Bewusstwerdens mit den normalsprachlichen Anteilen und bilden so das *Pass*- bzw. Identitätswort. Ich erinnere nochmals an den ‚linguistischen Kristall' Lacans, der eben diesen Schnittpunkt darstellt. Dennoch überwiegen in beiden Verfahren, in der Psychoanalyse wie in der Meditation, die gleichen Grundlagen. Sie sind nur anders gewichtet und haben das gleiche Ergebnis: ein Dialog ohne Vorgaben, also ein rein intersubjektives Gespräch ohne einen bestimmten Bezug. *Pass-Worte*, die eine Mittelstellung zwischen Worten im Traum und deren Deutung annehmen, Erkennen der unbewussten Zusammenhänge, all dies sind völlig parallele Vorgänge in beiden Methoden. Den letzten Bezug zum Trialog muss jeder selbst herstellen, notfalls indem er sich am Ausbau und an der Weiterentwicklung des Verfahrens beteiligt.

Beim Übergang vom Tier zum Menschen muss es eine Phase mehrfacher Wahrnehmung gegeben haben, also einer „Differenz im Identischen",[54] eine gleichzeitige mehrschichtige Bildwahrnehmung, die so zu einer „Über - Wahrnehmung" oder „Synchron-Wahrnehmung" führen kann. Diesen Vorgang, der eigentlich bei jedem Menschen stattfindet, nehmen wir üblicherweise nicht mehr bewusst zur Kenntnis, denn wir würden sonst von der Vielschichtigkeit der Bilder verrückt. Wie man schon im Volksmund sagt, nehmen wir „selektiv" wahr (und das ist auch für den Alltag gut so) und verbalisieren die Dinge unbewusst (was nicht so gut ist). Zu dieser Thematik des *Erscheinungs-Wirkenden* und der Blicktheorie gebe ich später nochmals eine letzte Folge.

Symbolisches und Imaginäres, Wort- und Bildhaftes, etwas, das *Spricht* und *Strahlt* sind im Ursprünglichsten intensiv verbunden und verknotet. Man kann dies aus der psychoanalytischen Trieblehre (Entäußerungs-, Sprechtrieb und Wahrnehmungs-, Schautrieb) genauso entnehmen, wie aus der Gegenüberstellung von Geistes- und

---

54 Lacan, J., Seminar Nr. I, Walter (1980) S. 218

Naturwissenschaften. Wenn Kant vom ‚Ding an sich‘ sprach, gehörte das ‚Ding‘ in den Bereich der Physis, der Natur, das ‚an sich‘ aber in den Bereich des Geistes, der Ideen. Denn was sollte das sein, ein ‚an sich‘? Ein ‚aus-sich- heraus‘, ein ‚an-und-für-sich‘, etwas ‚als-solches‘ – alles gedankliche Kunstgriffe, wie sie für die Philosophie und auch die anderen Geisteswissenschaften üblich sind. Letztlich geht es darin um uns als Subjekt, als von außen her nicht mehr zu objektivierendes, zu verdinglichendes Subjekt. Als solches wird es eben in der Psychoanalyse, aber auch ganz speziell in der Methode der *Analytischen Psychokatharsis* erfasst, indem die letztliche Stütze das eng kombinierte und rein substanzielle, rein der ‚jouissance‘ zugehörige *Strahlt/Spricht* ist.

12. Der Mosesberg

Vor dem Katharinenkloster am Sinai geht links ein Weg zum Djebel Mussa, dem Mosesberg. Es war ein Fehler ein Kamel zu nehmen, denn es ging letztlich langsamer als wenn ich und meine Frau relativ zügig zu Fuß gegangen wären. Außerdem war man sich nie sicher, ob das Kamel nicht doch am Abgrund stolpert und so entließen wir den Kameltreiber mit seinem Tier und dem gesamten Entgelt schon nach zweihundert Metern wieder. Nach einer knappen Stunde kommt man oben an einem bewachsenen Plateau an, das nach dem Propheten Elias bekannt ist und wo Moses seine Getreuen zurückgelassen haben soll, um allein die ca. 750 Stufen zum Gipfel zu gehen, wo er seine Steintafeln erhielt.

Historisch gesichert ist dies alles nicht, doch man hat trotzdem das Gefühl einen bedeutenden Weg zu gehen. Auf dieser Tour ist man freilich nie allein und auch oben finden sich zahlreiche Menschen. Zum Hinuntergehen empfiehlt sich daher der mehr westlich gelegene Weg, der steiler ist und nur aus gewaltigen Stufen besteht und den wohl nur wenige benutzen. Dabei lässt er sich an vielen Stellen durch Sprünge abkürzen und ist auf keinen Fall langweilig. Statt ins Kloster zu gehen suchten wir etwas abseits eine Beduinenfamilie auf und verschenkten einige unserer Kugelschreiber. Ich nehme immer eine große Anzahl von ihnen mit, denn für Kinder, oft aber auch für Erwachsene, ist dies ein gern gesehenes Geschenk, und man kommt gut in Kontakt. Leider kann ich zu wenig arabisch und die Leute zu wenig englisch. Aber ich nehme ein äußeres und ein inneres Foto mit, wie die Frau auf einer umgedrehten Schüssel ein Fladenbrot bäckt. Ein gutes Stück davon bekommen wir als Wegzehrung mit und draußen, beim Weggehen, bekommen wir von einer unten aus der Zeltplane herausgereichten Frauenhand noch ein kleines Armband geschenkt.

Lächerlich, diese kleinen Touristenfreuden. Man müsste die Sprachen all der Länder, die man bereist, besser beherrschen, nur das wäre Völkerverständigung. Doch nun noch zum nahe gelegenen Coloured Canyon, der phantastisch ist und nicht schwer zu durchwandern, auch wenn man an einer Stelle sich durch ein Loch im Felsen hindurchgleiten lassen muss. Übergewicht darf man nicht haben, sonst bleibt man stecken. Der Canyon ist bis zu vierzig Meter hoch und ca. einen Kilometer lang. Hiervon muss man unbedingt ein Farbbild zeigen.

Solche Felswände könnten fast zu einer Art Andacht geeignet sein. Vielleicht nur, um einen Anstoß dazu zu bekommen. Denn ich will ja etwas Wissenschaftliches in dieser Richtung begründen und weiter empfehlen, und da darf ich nicht mit zu viel Naturromantik, Schöngeistigkeit oder gar religiöser Esoterik aufwarten. Ohnehin mache ich ständig den Fehler, auf ein kontemplatives Ambiente hinzuweisen, dann aber wieder jede Ästhetik, jeden magisch anmutenden Ort als negativ zu werten. Es ist nicht falsch, wenn man sich an der malerischen Natur oder der Genialität eines Künstlers, der – wenn ich dies einmal nur vereinfachend und rein allegorisch sagen darf – mit wenigen ‚Strichen‘ etwas Bewegendes zeigt, erfreuen kann. Pastellfarben haben so immer ihren Reiz und es gab ja Maler, wie Turner etwa, die bewusst meditative Bilder malten, bei denen man also nur noch ahnen brauchte, was gemeint war.

Ich will nicht leugnen, dass Bergwanderungen genauso wie Kunst, Musik und anderes mehr zur Meditation anregen können oder gar direkt ein Stück Meditation sind, aber andererseits eben auch nicht für alle Methoden und Menschen gleichermaßen gelten. Das ist in meinen Schilderungen der Wanderwege nicht immer so herausgekommen. Ich will jedoch vermitteln, dass die eigentliche Meditation diejenige ist, die wissenschaftlich begründet und damit gerade nicht durch eine Sprache, die Sinn vermittelt, bewirkt wird. Der Sinn muss ja erst durch die Meditation geschaffen werden. Alle religiösen, naturbezogenen oder mystischen Formen der Meditation eignen sich gut für den Hausgebrauch, aber nicht dafür, eine klare Wissenschaft v o m Subjekt zu garantieren. Das Subjekt (nicht irgendeine Subjektivität) „ist in unserer Zeit das, was als Subjekt die Existenz der Wissenschaft definiert".[55]

Nur durch ein unmittelbares Nach-Innen-Gehen kommt zustande, dass im Grunde genommen das Unbewusste das Denken ist, indem nur so auch das ‚Gedankenhören', das

---

[55] Lacan, J., An die Psychiater, Vortrag von 10. 11. 1967, Riss (2020)

sich symbolisch, worthaft vermittelnde Unbewusste in Erscheinung tritt (*Pass-Worte*). Dies ist entscheidend wichtig. Denn die Natur, die Kunst und speziell auch die Musik sprechen nicht so präzise, wie es ein an die Sprache angelehntes Verfahren vermag. Sie alle können auch nicht die Wahrheit sagen, die ich – im allerletztlichen – für die Ursache allen Seins halte. Wittgensteins ‚Sehen' und ‚Hören' gehen noch leicht zusammen, aber auch das ‚Sagen' darin zu integrieren, ist nicht so einfach.

In der klassischen, herkömmlichen Psychoanalyse verhält es sich umgekehrt. Hier kommt das ‚Sagen' entscheidend zum Zug, aber man ‚Sieht' und ‚Hört' im Sinne dieser Wittgensteinschen Nomenklaturen nichts mehr. Man spricht zwar viel von der sogenannten ‚Ur-Szene',[56] aber man wirft keinen – keinen längeren – Blick hinein. Das wäre für die psychoanalytische Therapie zu traumatisch. Es hat immer wieder Autoren gegeben, die dafür argumentiert haben, das Trauma in die Analyse zu bringen, aber entweder gelingt ihr das nicht, weil die Analyse zu alltagsverbal operiert oder der Analytiker so grob intervenieren müsste, so dass diese Intervention selbst wieder traumatisch wäre. Das definitive, distinkte, symboldichte Wort aus dem Inneren kann aus der traumatischen Region kommen, und wird bei gesicherter Kontemplation nicht verletzend sein.

---

[56] Es handelt sich um den Blick in eine Intim-Szene, in erotisch-aggressives Geschehen der Eltern oder bedeutender Bezugspersonen. Oft wird diese Szene erst später zum Trauma, wenn man zunehmend erkannt hat, um was es sich hierbei genau gehandelt und wie eng und tief man sich darin einbezogen erfahren hat. Die Ur-Szene gleicht somit immer einer Art von Missbrauchs-Trauma.

So enthüllend sagt Kunst, selbst Musik, die wir so intensiv und emotional ergreifend erleben, es nicht. Natürlich können uns alle diese Kulturleistungen über traumatische Erfahrungen hinweghelfen, aber nicht völlig und nicht rational. Wäre dies der Fall, hätte es die Freud'sche Wissenschaft nicht gebraucht. Zwar ist das ‚Sagen' bei Freud und Wittgenstein hauptsächlich um die Geschlechtsdifferenzierung herum angeordnet. Aber ich wüsste keine Wissenschaft, die auf andere Weise ein derart direkten, persönliches und zur Sache gehendes ‚Sagen' ermöglicht. Der Begriff Geschlechts- bzw. Sexualdifferenzierung ist vielleicht nicht ideal gefasst. Freuds Vorgehen von einer ursprünglich ‚bisexuellen' Anlage bei jedem Menschen zu sprechen, ist möglicherweise zu pauschal. Nicht umsonst hat Wittgenstein ja einen Ausweg gesucht, den er glaubte mit dem Terminus ‚Trisexualität' erweitern und verbessern zu können. Aber ehrlich, was soll das sein?

Männlich, weiblich und divers? Lacan machte sich schon lustig darüber, dass die Partnerin J. P. Sartres, S. de Beauvoir, ihr Hauptwerk ‚Das zweite Geschlecht' nannte. „Wie kann man über Frauen schreiben und sie das zweite Geschlecht nennen? Warum nicht das erste Geschlecht? Lächerlich!" Ein Lachen haben die Psychoanalytiker vor allem deswegen dafür, weil sie der Ansicht sind, dass es ohnehin nur ein Geschlecht gibt, egal wie man es nennt. Denn man muss anders an die Sache herangehen. Es gibt nämlich nur eine Libido, die aktiv und eben etwas mehr männlich orientiert ist. Auch Frauen können sich diese Libido zu eigen machen, aber im sexuellen Bereich bleibt sie für alle Geschlechter gleichermaßen bestimmend.

Das im allerletzten Sinne Eigentliche des Weiblichen muss man anders nennen. Ich habe schon auf Wittgensteins ‚Aphroditik' hingewiesen, die er der knabenhaften, aber damit eben auch mehr männlichen und nicht übermäßig reifen ‚Erotik' gegenüberstellte. Nun zeigte ich ja schon weiter oben, dass Aphrodite auch nicht gerade das beste Beispiel für dieses eigentlich Weibliche und reife Erotische ist. Aphrodite benutzt ganz heftig die eher infantil-männliche sexuelle Libido. Es existiert vielleicht überhaupt keine Frau, die den idealen Namen für das umfassend Weibliche hergeben könnte. Von der Madame de Pompadour bis zur Maria Callas oder zur Marylin Monroe ist jedenfalls keine dabei.

Die Psychoanalytikerin R. Golan hat diese Identität des ‚weiblichen Objekts (psychoanalytisch nennt man eine innere Organisation ein ‚psychisches Objekt') jedoch besonders gut herausgearbeitet. Sie nennt es die ‚jouissance feminine', das ‚weibliche Genießen', das eine andere Form als das ‚phallische', mehr am Männlichen orientierte, aber paradoxerweise auch meist von Frauen gewählte Genießen darstellt. Die ‚jouissance feminine' schließt auch Schmerz und Leid ein, beinhaltet dafür aber auch ‚Universalität, Grenzenlosigkeit, Höhe, Erkenntnis / Erleuchtung, Wissen, Freiheit und Glückseligkeit.'[57] Dieses ‚weibliche Genießen' lässt sich also nur wenig mit der männlichen, ‚phallischen' Erotik vergleichen, auch wenn – wie Freud betont – beide Geschlechter in ihrer Entwicklung die gleiche ‚phallische Phase' durchmachen.

---

[57] Golan, R. Loving Psychoanalysis, Karnak (2006)

Da also beide Geschlechter diese beiden Positionen durchlaufen bzw. durchlaufen können, kann es männliche Frauen und weibliche Männer geben, was nun wirklich keine Neuigkeit ist. Das Problem ist nur, dass die Frauen wie schon erwähnt dieses ihnen eigene ‚Genießen', diese ‚jouissance feminine', gar nicht so schätzen und gutheißen. Bereits in der ‚phallischen Phase' verleugnen sie sie, finden im späteren Leben dann nur eine abgeschminkte ‚Aphroditik', während die Männer unfähig sind, die ‚jouissance' zu ihrer Sache zu machen. Sie finden ihren ‚Mädchennamen' nicht. Was also notwendig ist, besteht nicht in Wittgensteins ‚Trisexualität', denn diese könnte nur eine Verstärkung der männlichen Optik sein.

Notwendig wäre ein genereller Zugang zur ‚jouissance', die ich auch das ‚autochthone Genießen' nenne, über das, wie Lacan schreibt, auch die Natur und die Tiere verfügen. „Auch die Katze genießt, wenn sie schnurrt" sagt er. Letztlich fragte er sich sogar, ob das Genießen nicht ein Merkmal des Lebendigen schlechthin ist, das heißt, dass auch Pflanzen genießen,[58] und bestätigt ganz vehement an anderer Stelle, dass auch die Bäume, die Amöben und die Bakterien genießen.[59] Nun ist es schwer sich vorzustellen, was das alles heißen soll, aber es wäre eine Lösung für all die Probleme in den Geistes- und Naturwissenschaften, was denn nun der letzte gemeinsame Nenner ist.

Man hat Freud schon immer vorgeworfen, weil er mit dem Begriff der ‚passiven Libido' den Frauen praktisch so etwas wie eine passive Männlichkeit angedichtet bzw.

---

[58] Lacan, J., Lettres de L'Ècole freudienne, Nr. 16 (1975) S. 192
[59] Lacan, J., Seminar XXI, Vortrag vom 23. 4. 1974.

empfohlen hat. Was also nötig wäre, ist eine autochthone, ursprüngliche Weiblichkeit, eine, mit der man es aushalten kann in einem ‚zerstückelten Körper‘ zu leben, also ‚dreiteilig‘ zu sein mit dem sicheren Wissen, eine Einheit dafür finden zu können in der wahren ‚jouissance‘, die eben auch die des Trialogs ist. Immer so im Namen des Namens aller Namen sprechen zu können, ist wirklich ideal. Es heißt, zuhören und nochmals zuhören zu können, weil man so schon einmal den Anfang des wirklichen Namens heraushören kann. Dieser Name ist dann mit den Namen abzugleichen, die man aus sich selbst als dem Zweiten (dem *Anderen* im Innern) ja zur Verfügung hat, so dass schließlich der Dritte zu ‚hören‘ sein wird.

Die Psychoanalytikerin R. Golan hat sich auf den Begriff des ‚weiblichen Genießens‘ bezogen, indem sie davon ausging, dass die Libido – sie wollte diesen Begriff als übergeordnet noch retten – bei der Frau nicht passiv ist, sondern sich in ihr zum Kreis schließt. Sie dringt nicht gleich nach außen und lässt so die Frau – vom libidinösen Aspekt her gesehen – in sich selbst ruhen. Beim Mann dagegen strebt die Libido nach einem äußeren Objekt, der Trieb muss mittels des Objekts befriedigt werden, um wieder zu sich zurückkehren zu können. Von diesen zwei Vorgängen existieren Überschneidungen in genau diesen Zusammenhängen, die sich im ‚Sagen‘ des Wittgensteinschen ‚Trialogs‘ abspielen. Es ist ein ‚Sagen‘, das gut, treffend und ohne ‚bavures‘ sein sollte, und von dem man auch richtig wissen muss. Gut gesagt und richtig gewusst ist die entscheidende Domäne, der auch ich hier wahrscheinlich nur zu wenig genüge.

Sicher hat man es früher auch schon gut gesagt. Die Heilige Hildegard von Bingen zum Beispiel erwähnte, dass in tiefer Andacht und Versenkung genauso wie auch am ‚Jüngsten Tag' die ‚Fixsterne' wild durcheinander wirbeln. Sie hat dabei nicht all die Sterne und Galaxien im rein astrophysikalischen Sinn gemeint und mit dem ‚Jüngsten Tag' nicht an den ‚Big Crash' gedacht, wie die Wissenschaftler heute das Ende des Universums nennen in Korrelation zum ‚Big Bang' als dessen Anfang. Sie hat eher an so etwas wie ‚Lichtpunkte', wie an ein Es *Strahlt* gedacht, das eben durch ihre Fixierung den Halt, die Stabilität der Welt und des Menschen garantieren. Vielleicht hat sie geahnt, dass das Universum Milliarden von Lichtjahren groß ist, doch das hat sie nicht richtig gewusst.

Aber sie hat gut gesagt, dass das *Erscheinungs-Wirkende* beim Meditieren gewaltige Ausmaße annehmen kann, so dass man ernsthaft in Angst geraten könnte. Zudem verfügte die Heilige über einen so starken Glauben, dass sie solche Verwirrungsphänomene aushalten und daher von der immensen Bedeutung der durcheinanderwirbelnden ‚Fixsterne' schreiben konnte. Heute, da wir dies richtig wissen und nicht mehr so stark glauben können, müssen wir es anders sagen. Aber wie, damit es nicht nur richtig gewusst, sondern auch noch weiterhin gut gesagt ist? Es ist klar, dass das *Strahlt* der Fixsterne, das beim Tod durcheinanderwirbelt, bei der Heiligen Hildegard gehalten wurde durch das *Spricht* ihres enormen Glaubens.

Heute müssen wir das *Spricht* mittels der Wissenschaft wie etwa der Psychoanalyse sagen können. Hier liegt ja der Schwerpunkt auf dem ‚Hören' und ‚Sprechen'. Zu viel Bild, ‚Lichtpunkte' oder sogenannt ‚Astrales', wird vermieden. Mit den *Formel-* und *Pass-Worten* befinde ich mich in der von mir inaugurierten Methode ebenfalls auf der sicheren, wissenschaftlichen Seite, also beim ‚richtig gewusst'. Zweitens geht es um das *Strahlt* der ‚Katharsis', des am Körperbild ausgelösten ‚Durchrieselns' das was bei den ‚Fixsternen' der Heiligen Hildegard die Gewissheit einer inneren Stabilität ergibt. Im Körperbild können manchmal derartige Effekte auftreten, die einen fast schwindlig werden lassen. Doch wenn man sich wie schon eingangs beschrieben auf das ‚visuelle' und eher zu spürende Körperbild vor sich, in der Horizontalebene vor sich, konzentriert, wird man nicht zu weit ins Bildhafte abweichen. Vor allem hilft hier das ‚Hören' um sofort auf die gesicherte Mittelposition zwischen dem ‚Sehen', dem Sehfeld, und dem Hör-Sprechfeld zu wechseln.

13. Benediktenwand

Geht man von Benediktbeuern aus, nimmt den Weg über die Westseite der Wand und macht eine kleine Pause in der Tutzinger Hütte, wird man wohl sieben Stunden für Hin- und Rückweg benötigen. Bergsteigerische Fähigkeiten muss man dazu nicht haben, wenn man auch mit der Aussage, man habe die ‚Wand' bezwungen, reüssieren kann. Wie das Bild zeigt, führt der Pfad zuerst über Wiesen und durch baumbestandene Areale bis man rechts seitlich hinter die Wand gerät und dann oben fast wie am Grat entlang zur höchsten Stelle wandert. Sieben Stunden sind wenigstens ein Stück wirklicher Arbeit.

Viele meiner Patienten gingen ihr Leben lang auf die Münchner Hausberge, zu denen auch die Benediktenwand gehörte. Das Wandern dort war ihr Leben, und so waren viele verzweifelt, wenn sie wegen arthrotischer Knie- oder Hüftbeschwerden dies nicht mehr tun konnten. Selbst fürs Leben gern zu wandern ist eben zu wenig. Man muss noch andere Lebenselixiere besitzen. Freunde und Kollegen von mir erzählen ständig welche und wie viele Rad- und Bergtouren sie wieder gemacht haben und wie sehr sie sich noch zusätzlich bewegen oder zum Turnen gehen. Klar, richtige Ernährung und Bewegung ist Grundlage nicht nur des biologischen Daseins. Für die Biologie würden aber schon fünfzehn Minuten Bewegung jeden Tag genügen. Neuere Untersuchungen gehen jedoch davon aus, dass fünfzehn Minuten eines Spezialtrainings noch bessere Ergebnisse erzielen.

Dazu muss man die erste Zeit nur ganz normale Gymnastik betreiben, erst die letzten dreißig Sekunden werden für eine Höchstanstrengung genutzt, die ans Limit, bis an die Leistungsgrenze, gehen soll.[60] Doch es verhält sich wohl so wie in allen Wissenschaften. Bezüglich des Bluthochdrucks gibt es immer wieder neue Empfehlungen, aber nach zehn, zwölf Jahren kommen dann wieder die alten Richtlinien zum Zug und nach weiteren zehn Jahren wieder die letzteren. Erst nach fünfzig bis hundert Jahren ändert sich vielleicht wirklich etwas. Von der Ernährung her ist die Sache einfacher zu sehen. Ich nahm einmal selber als Proband an einer zehn Jahre lang dauernden Ernährungsstudie des Heidelberger Krebszentrums teil. Vegetarisch mit etwas Fisch ergab das beste Resultat. Die meisten Studienergebnisse auch anderer Untersucher gehen ebenfalls in diese Richtung.

Dieses Ergebnis kann so schnell nicht umgeworfen werden, oder doch? Was nicht berücksichtigt wurde war nämlich die Tatsache, dass Vegetarier auch oft meditieren, nicht

---

[60] DIE ZEIT vom 31.3.2016, S. 31

rauchen und keinen Alkohol trinken. Die beiden letzteren Parameter wurden in der Studie berücksichtigt, aber nach Meditationen wurde nicht gefragt. Für einen Naturwissenschaftler ist so etwas einfach nicht auf dem Radarschirm seiner Randomisierung. Dabei ist schon seit längeren bewiesen, dass Meditation epigenetisch positive Veränderungen bewirkt. Also was ist jetzt wirklich gesundes Essen?

Erkenntnisse der Neurowissenschaften sind momentan noch am ehesten die eigentlichen Gewinner im szientistischen Bereich. Sie sind natürlich nicht mehr so ungeschickt wie noch vor einigen Jahren, wo sie krude behaupteten, der Mensch sei sein Gehirn wie ich es von J. R. Searle schon erwähnte. Ein bisschen körpergemachte Psyche gestehen sie dem Menschen zu, aber vom Unbewussten als solchem, als etwas ihm selbst Eigenes, das nicht natur- noch geisteswissenschaftlich gefasst werden kann, wollen diese Wissenschaftler nicht viel wissen, wie es auch das neueste Werk des bekannten Hirnforschers G. Roth zeigt.[61] Roth postuliert sechs `psychoneurale Systeme´ (stressverarbeitend, intern beruhigend, intern bewertend und belohnend, impulshemmend, bindungssystemisch und das System des Realitätssinns und der Risikobewertung) und vier entsprechende, mehr oder weniger hierarchische `Ebenen´ (untere limbische lebenserhaltende Ebene, mittlere limbische emotionsbezogene Ebene, obere limbische Ebene bewusster Gefühle und Motive und die kognitiv sprachliche

---

[61] Roth, G., Wie das Gehirn die Seele macht, Klett-Cotta (2014). Ich erwähne nur nebenbei die Bücher von S. Pinker, A. Damasio, E. Kandel, O, Turnbull und andere, da sie alle eine ähnliche Vorgehensweise haben.

Ebene). Nichts charakterisiert deutlicher, dass wir das Zusammenspiel all dieser Komponenten, also komplexes psychoneuronales Theater und somit nur ein realer Plot sind.

Am interessantesten und erstaunlichsten erscheint die Beschreibung der Ineinander-Verkettung von Gehirn, Genen, Neurotransmittern und der Psyche. So beschreibt Roth die Vermutung, „dass die Wirkung des Serotonins auf Aggressivität davon abhängt, in welchem Maße eine individuelle Neigung zu Aggressionen ausgebildet ist. . . Bei niedrigem Serotoninspiegel z. B. bricht sich die impulsive Aggression Bahn." Nun beschreibt Roth nicht, was unter Neigung zu verstehen ist. Ist sie angeboren oder erworben? Wahrscheinlich beides, denn die Gene spielen in Roths Schilderungen eine bedeutende Rolle, aber sicher können durch Fehlentwicklungen und traumatisierende Ereignisse ja auch Neigungen erworben worden sein. Doch wenn sie erworben sind, hat die Seele ja das Gehirn gemacht und nicht umgekehrt. Das Gehirn hat ja neuesten Forschungen zufolge eine ausgeprägte Plastizität, so dass ein aus sozialen aber vorwiegend aus den unbewussten Konflikten berechtigter Protest, eine kreative Auseinandersetzung mit sich und anderen Einfluss auf das Serotonin haben kann und damit alles anders gesteuert wird. Wir sind nicht das Serotonin, es genügt, es manchmal ein bisschen auszuhalten.

Für G. Roth sind Gehirnareale mit den sprachlich-kognitiven Vorgängen „befasst" (vor allem im Frontalhirn). Es sind nicht wir, die denken, sondern Es. Nun ist dies gar nicht so weit von psychoanalytischen Vorstellungen entfernt. Doch Freud folgend denkt – wie gesagt – das Unbewusste nicht, aber Es weiß! Diesen Unterschied machen die

Neurowissenschaftler nicht. Sie meinen, wer denkt, der weiß auch, und wer weiß, kann dies nur durch Gedanken ausdrücken. Das unbewusste Wissen ist symbolisch vorstrukturiert, es arbeitet wie ein Orakel, das nachts im Traum etwas enthüllt. Aber es enthüllt sich nicht weit genug. Wir müssen die Bilderrätsel des Traums deuten oder eben mit der Methode des Gedankenhörens ein direktes Verbalisieren des unbewussten Wissens erreichen. Nach wie vor also sind wir es, die denken, und das Wissen wartet im Unbewussten, im *Anderen* auf uns.

Wenn man gelernt hat, den Blick vom Auge zurückzuziehen, kann man auch mit geöffneten Augen meditieren. Man sieht dann – wenn ich das so paradox sagen darf – selbst mit offenen Augen fast nichts. D. h. die Konzentration ist einfach etwa in der Höhe der Augennervenkreuzung, im Spiegelungspunkt vorhanden, ist nur noch imaginär geordnet und mindert den Sehvorgang, bzw. schaltet ihn soweit herunter, dass nun der Wahrnehmungstrieb nur noch in seinem Primärvorgang als vereinheitlichtes Körperbild spürbar ist. Man hat dies gut mit den vom Computer gezeichneten zwei/dreidimensionalen Bildern beweisen können.[62] Das ‚Sehen‘ des ‚dreiteiligen‘ Körperbildes, wie ich es von F. Dolto zitiert habe, ist nun soweit zur Einheitlichkeit geschrumpft, dass wir die Welt speziell topologisch verformt, das heißt in der Art der Einstein'schen Geometrie sehen.

---

[62] Enterprises, N.E.T., Das magische Auge, ars Edition, (1994). Blickt man wie traumverloren – also wie meditativ – auf die zweidimensionalen Bilder in diesem Buch, erscheinen andere dreidimensionale Bilder.

Diese Topologie, auch Gummigeometrie genannt würde laut dem Naturphilosophen R. Carnap auch noch beim Kleinstkind wirksam sein. So ein Kind würde eine Türe nicht als Türe, sondern als etwas sehen, das an Picassos Bilder erinnert. Allein die Tatsache, dass das Kind fast alles vorwiegend in Bezug zur Mutter oder ersten Betreuungspersonen sieht, ermöglicht ihm eine primitive psychische Stabilisierung. Auch wird sich durch diese Betonung des Schautriebs, des *Erscheinungs-Wirkenden* der andere Aspekt, der Sprechtrieb, stärker entfalten können, weil nur durch das *Wort-Wirkende* eine weitere psychische Reifung zustande kommt. Das alles befördert nun viel eher als sonst das Auftauchen eines *Pass-Wortes*, das wiederum das entscheidend Analytische in meinem ansonsten betont psychokathartischen Verfahren darstellt.

So schreibt auch der Philosoph A. Noë in seinem Buch „Du bist nicht dein Gehirn", dass wir uns heutzutage viel zu sehr von den Neurowissenschaften beeindruckt zeigen, die uns für Neuro-, Film- und Synapsen-hörig halten. Für A. Noë befindet sich das Bewusstsein und das Seelische in erster Linie nicht im Gehirn, sondern im Konnex und Kontext, in dem das Lebewesen mit seiner Umwelt und anderen Lebewesen steht und dynamisch interagiert. Dieser Konnex / Kontext ereignet sich also eher in einer Art von typographischem und hypersphärischem Raum, zu dem das Gehirn wahrscheinlich eine etwas intensivere und komplexere Beziehung hat als eines der anderen Organe. Es wird aber auch jedes Mal ein anderen Schnittpunkt im Nervensystem bzw. in dem von ihm repräsentierten Gesamtorganismus sein. Damit will ich nochmals die Berechtigung der Neurowissenschaften anerkennen, sie sind mir nur zu wenig aufs wirkliche Subjekt bezogen. Sie sind keine Wissenschaften v o m Subjekt. Sie zeigen die großen therapeutischen Möglichkeiten nicht auf, die der Mensch zusammen mit seinem Gehirn, sich aber speziell mit seinem Unbewussten eröffnen kann.

Denn natürlich spielt das Gehirn bei der Meditation eine wichtige Rolle. Wie gesagt ist das, was wir im weitesten Sinne ‚seelisch' nennen, der Psychoanalyse folgend mehr das ‚unbewusste Seelische', dem wir neurologisch das Mittel- und Zwischenhirn samt Thalamus und Limbischen System zuordnen. Eine besondere Rolle spielt jedoch – wie ich schon im Kapitel 1 dargelegt habe - der hintere und untere Temporallappenbereich, wo sich Wortassoziationen, Sprach- und Symbolbildungsvermögen finden. Im Schlaf ziehen sich die ‚Besetzungen', bei denen es sich nicht nur um physiologische, elektrische Zell- und Nervenstrangbesetzungen handelt, sondern auch um topologische, netzwerkartige und damit feldbezogene ‚Besetzungen', von den oberen Schichten in die inneren und unteren zurück. Die ‚Seele' kann somit große Teile des Gehirns auf einmal ‚besetzen' und dann wieder nur engere Areale um den zentralen Spiegelungspunkt herum, je nachdem, welche Konnex / Kontext-Bezogenheiten gemeint sind.

Auch hier spielt also Topologie eine Rolle. Das Gehirn ist eingerollt und gefaltet. Die Seele kann so auch andere Körperareale und -zellen ‚besetzen'. So etwas kann man in einer psychoanalytischen Sitzung nicht so plastisch erfahren, in der Meditation ist dies aber möglich. Und so kann auch – um an das letzte Kapitel anzuschließen – erfahren werden, was männlich und was weiblich ist. Es handelt sich jedoch um eine Erfahrung, die nichts mit dem realen

Geschlechtsverhältnis, sondern mehr mit ihrem metaphorischen Gebrauch zu tun hat und die so jeder nur individuell machen kann, wenn er sich mit dem Unbewussten auseinandersetzt. Irgendetwas Allerletztes muss jeder für sich selbst erfahren können, um zum eigentlich ‚Trialogischen' zu kommen. Gerade für die ‚Trialogie' gibt es kein Universal- oder Patentrezept. Es ist nur sicher, dass die ‚Trialogie' selbst ihre existentielle Berechtigung hat.

All demgegenüber ist der Sternentanz der Heiligen Hildegard als positiv anzusehen, vermittelt er doch auch Befreiung und Katharsis. Heutzutage sollte es nicht schwierig sein, sich von übertriebenen ‚visuellen' Erfahrungen in der Meditation abzusetzen, und die Bilder einer rationalen Untersuchung zuzuführen. So kann die Erfahrung des ‚Sternenhimmels' gut und positiv sein, wenn man darin eine einfache, geometrische oder topologische Figur ‚sehen' kann, so zum Beispiel die in der Psychoanalyse verwendete Topologie eines Möbiusbandes (Abb. rechts), das zwei Seiten, aber nur eine Fläche hat, was wiederum an die Gummigeometrie erinnert. Es trägt zum Verständnis seelischer Vorgänge und Zusammenhänge, wie etwa dem zwischen Anspruch und Begehren und deren ineinander gewobene Struktur bei. In gleicher Weise helfen topologische Vorstellungen in der Meditation zu starke Erfahrungen mit dem Körperbild oder überhaupt mit Bildhaften zu stabilisieren.

Außer der Benediktenwand könnte ich hier noch einige andere der Münchner Hausberge beschreiben. Anspruchsvoll ist am ehesten noch ein Gang auf die Laliderer-Spitze. Es ist vor allem die Länge der Tour, die

die auf den Roen (Kapitel 1) noch weit übertrifft. Dafür findet man auf dieser Tour (vom Süden her) wenig Leute. Vom Norden her gibt es phantastische Kletterwände, die mir jedoch äußerst ungemütlich erschienen. Ein Wandern mit Seil und Haken, wenn man auch ohne so etwas nicht zum Gipfel gelangen kann, kommt mir zu künstlich-kunstvoll vor. Es ist, als müsste man die Seele wie bei Prometheus an die Felswände ketten, um Angstbewältigung und Stabilität zu lernen.

14. Im Bergell

Das Bergell liegt in der Schweiz, es handelt sich um das Tal, das von Italien zum Malojapass führt. Der entzückendste Ort im Bergell ist Soglio, das aus ein paar kleinen verwinkelten Gassen, Häusern, Hütten und dem Hotel Palazzo Salis besteht. In diesem alten und schönen Bau findet sich auch ein Rilke-Zimmer, eingerichtet mit dem entsprechenden hundert Jahre alten Mobiliar. Ob Rilke auch dort schon wie im etwas weiter entfernten Chateau de Muzot seine Duineser Elegien weiter schrieb, ist nicht bekannt. Jedenfalls muss dieses Tal lange arm und dunkel gewesen sein, wenn man die Biographie des Bildhauers und Malers A. Giacometti liest, der aus dem schon näher am Malojapass liegenden Stampa kam. Unerfreuliche Schuljahre begleiteten ihn, bis er die Ausbildung abbrach und sich entschloss Künstler zu werden.

Giacomettis hagere, überzogen längliche Figuren sind dem Surrealismus gewidmet und waren für mich immer Versuche, den Menschen in sein übernatürliches, ‚spirituelles‘ Emporstreben zu zeigen, in dem er der Vertikalen den betonten Vorzug vor der sozialen, alltags-gesellschaftlichen Horizontalen gegeben hat. Sie sind phantastische Meditationsobjekte, die einen ins Unendliche hinaufziehen. Es gehörte enormer Mut dazu mit so etwas Außergewöhnlichen reüssieren zu wollen. Doch es gelang ihm, seine Werke sind in der ganzen Welt sehr begehrt und seine Figur ‚zeigender Mann‘ allein erzielte bei einer Auktion 141 Millionen Dollar. Heute machen es ihm etliche andere nach, aber man sieht sofort das Plagiat.

Man kann von Soglio bis zum Malojapass laufen, doch der Weg ist nicht immer eben. Es geht rauf und runter, und es reicht schon, wenn man bis Casaccia kommt, das noch unterhalb der Serpentinenstraße auf der Passhöhe liegt. Außer auf den Spuren Rilkes und Giacomettis kann man auch auf denen des Malers G. Segantini wandeln, der viele Jahre hier lebte. Und ganz zum Schluss muss ich selbstverständlich noch S. Freud erwähnen, der oben in Maloja im Hotel mit seiner Schwägerin abstieg und zusammen mit ihr im Zimmer Nr. 11 (heute Nr. 23) logierte. Freuds Frau Martha war nicht fürs Reisen zu gewinnen und so unternahm Freud oft Fahrten mit deren Schwester Minna. Darüber geisterten viele Geschichten.

Schließlich war das Privatleben des ersten großen Psychoanalytikers keine Kleinigkeit. Und Freud musste sich manchmal heftiger Spekulationen erwehren, ob es nun mit Minna eine Affäre gegeben hätte oder nicht. Doch so wie bei Goethe, von dem man bis heute nicht weiß, ob er mit der Frau von Stein Intimkontakt hatte, wird dies wohl auch von Freud nie bewiesen werden können. Eigentlich ist es ja auch egal, was nun wirklich stimmt, wenn es auch hauptsächlich der Neugier Freude macht. Der Soziologe F. Maciejewski entdeckte jedenfalls Anfang des neuen Jahrhunderts die Eintragung im Hotelverzeichnis und spekulierte über die Hintergründe.[63] Und auch beim Gehen und Steigen ist man froh, wenn man sich die alten Zeiten und diese früheren Gestalten gedanklich ansieht.

Obwohl das Bergell sich im Sommer freundlich und warm anfühlt, im Winter muss es – eingesperrt in hohe Berg- und Felswälle – doch sehr dunkel, kalt und ein bisschen düster sein. Oder zumindest gewesen sein, denn heute gibt es auch dort genug Tourismus, weil Wandern im Bergell stark in Mode gekommen ist. Schließlich ist dies noch die harmloseste Art exotisch-kultischer Urlaube. Mountainbike fahren in Tibet, Trekking in den Drakensbergen Südafrikas oder auf der Mutwangaroute in Zaire, Tauchen in Osttimor und Kajakfahren rund um Südamerika bieten viel mehr – denn warum sollte man das alles nur in Europa tun. Irgendwann wird dies allen einmal recht skurril werden und man wird sich dann vielleicht doch wieder dem Joggen vor der Haustüre widmen.

Denn man versäumt nichts. Nein, nichts ist so aufregend wie das Gefühl zu haben, man ist der Wahrheit als dem ganz wichtig Existenziellen und den Genießen als dem Substanziellen auf der Spur. Das Ich mag ein schwankendes ,imaginäres Objekt' sein, aber *Es*, das Subjekt, das dem Unbewussten, dem Wesentlichen Unterstellte, hat höchste Priorität und Brisanz im gesamten Weltgeschehen. Denn es verhindert sich zu sehr in die Verwicklungen der Welt einzulassen, in der es nicht nur wie im Fernsehen ständig

---

[63] Maciejewski, F., Freud in Maloja, Osburg Verlag (2008)

Pistolenschüsse, Aktionsdramatik, und Pseudomelancholie gibt, wenn man sich zu weit vorwagt. Aber die Filmemacher jonglieren mit den Ichs, sie sagen, sie müssen die kuriosesten, krankhaftesten und aufwühlendsten Beziehungsgeschichten darstellen, sonst kommt der Hass nicht richtig zu Tage, die Wut nur zu kleinlaut heraus und der Sex nicht grell genug zum Vorschein, weil er dies doch ausschließlich ist!?

Vom Bergell über den Splügen-Pass wieder zurück zu fahren ist ein besonderer Reiz. Kaum jemand fährt diese Strecke, weil der Weg über St. Moritz der einfachere ist. Freilich ist die Straße über den Silser- und Silvaplana-See vielleicht sogar reizvoller, aber in den Zeiten der Hochsaison eher nicht zu empfehlen. Was aber sehenswert ist, ist ein nicht allzu weiter Abstecher zum Parco Nationale del Val Grande am Lago Maggiore. Es handelt sich um ein sehr weit ausgedehntes bergiges Gebiet zwischen dem Lago Maggiore und der Schweiz.

Interessanterweise kommen dort kaum Touristen hin, denn schon der Fahrweg über die Strada Cicogna von Verbania aus ist so eng, dass man auch auf längeren Stücken an keinem entgegenkommenden Fahrzeug vorbeikäme. Nach einer knappen halben Stunde Fahrt auf dieser Straße landet man mitten im Park in Cicogna und stellt dort sein Fahrzeug ab. Cicogna selbst besteht nur aus ein paar Häusern, interessant und schön ist aber die eineinhalb-stündige Wanderung durch das Tal mit reißendem Fluss und Laubwald nach Pogallo. Dieser Weg durch schwieriges Gelände ist zeitweise mit Platten, Stufen und Überbrückungen so gut ausgebaut, dass man sich wundert. Doch nach ca. eindreiviertel Stunden erreicht man ein herrliches Plateau und erfährt, dass man auf der ‚Strada Sutermeister' unterwegs war, einem früheren Transportweg.

Ein kleiner Weiler kommt in Sicht, der aus ein paar niedrigen Granithäuschen besteht, in denen niemand zu wohnen scheint. Erst später beim Nachlesen zu Hause erfährt man, dass hier der Schweizer C. Sutermeister 1874 groß in die Holzwirtschaft einstieg, den Weg für den Holztransport baute und mehrere Gebäude und eine elektrische Holztransportseilbahn erstellte. Ein Autor unter mountainzones.com schreibt, dass Sutermeister „eine Art "Universalgenie" war, der nicht nur das erste Wasserkraftwerk Italiens in Cossogno baute, eine Schifffahrtsgesellschaft gründete, an der Gründung der Banca Populare di Intra beteiligt war, 1874 mit einem Freund die Sezione Verbano Intra des italienischen Alpenvereins gründete und nebenbei mit seiner Frau Carolina 12 Kinder zeugte." Sutermeisters Holz wurde bis nach Mailand verfrachtet.

Nachkommen wird es – bei der großen Anzahl seiner Kinder – von ihm sicher auch heute noch geben. Sutermeister muss hier geradezu herrschaftlich residiert haben, obwohl das ganze Areal weit abgelegen von jeder Zivilisation lag und auch heute noch so wirkt. Beim Hinweg begegnete uns ein Ehepaar, das gerade umkehrte, weil nach eineinhalb Stunden Weg in der totalen Einsamkeit sich nichts tat. Eine Biegung weiter hätten sie die phantastische Blumenwiese und die Granithäuschen gesehen und von der interessanten Geschichte lesen können.

Doch das ist nicht alles, was man von Pogallo erzählen muss. Schlimmes passierte 1944, nachdem Partisanen ein italienisch-faschistisches Quartier überfallen und sich in den Nationalpark geflüchtet hatten, Deutsche und Italiener daraufhin einen Rachefeldzug durchführten und das ganze Val Grande durchstöberten. 460 Partisanen und über 200 Soldaten starben. Auf einer Tafel am Rand der großen Wiese kann man es nachlesen. Alles wirkt wie die Geschichte aus einem unbekannten, Glanz und Finsternis enthaltenden Historienroman: die Ruine von Sutermeisters Herrenhaus, die Steinhütten, die jetzt angeblich der ‚Heimatverein' (Amici di Pogallo) betreut, und die mit Bildern ausgestattete Gedenktafel, was alles zusammen einen neugierig und – mehr noch – nachdenklich in frühere Leben eintauchen lässt.

Dass der Krieg auch in einer so abgelegenen Gegend gewütet hat, kann man sich kaum vorstellen. Es sind auch Schriftstücke zu lesen, wie verzweifelt eine Mutter um das Leben ihres Sohnes gebettelt hat, der zwar das Massaker überlebte, aber kurz vor Kriegsende doch noch hingerichtet wurde. So etwas hat es auch in Deutschland selbst des Öfteren gegeben. Obwohl die Amerikaner schon vor der Stadt standen, wurden noch Todesurteile gefällt und vollstreckt. Die heutige Zeit ist mit ihren Kriegen in den arabischen Ländern, in der Ukraine, bei den Rohingyas und im Kongo nicht besser geworden. Es ist alles so grauenvoll. Man wird das nie in Ordnung bringen, und die Menschen haben sich aus diesem Grund immer schon sich selbst zugewandt, doch nur als Schlafende, nur oberflächlich.

Sollte man wirklich in diese Gegend des Parco Nationale del Val Grande kommen, muss man ja irgendwo am Lago Maggiore wohnen. Empfehlen kann ich das recht originelle, nicht übermäßig besuchte und auch preisgünstige Albergo Park Paradiso in Ghiffa. Angeblich wurde es als großzügige Villa vor über hundert Jahren für einen Bischof und dessen Mätresse gebaut, Schöner Garten, kleiner Pool, kleine Zimmer mit Balkon oder Terrasse und vor allem geführt von einem sehr bescheidenen älteren Ehepaar mit deren leicht behinderten Sohn. Vielleicht gibt es inzwischen die alten Herrschaften gar nicht mehr, die stets ein recht gutes Frühstück und Abendessen bereiteten.

Der Gegensatz zwischen dem ursprünglichen Besitzer und dem jetzigen könnte nicht größer sein, was eine Meditation über kulturelle, geistige, soziale, heutige und damalige Perspektiven ideal fördert. Der Garten des Hotels ist mit botanischen Besonderheiten ausgestattet. Man kann auch von dort direkt eine halbe Stunde in Richtung Nord-West nach oben wandern und einen großartigen Blick von der Riserva Naturale Speciale (also einem kleinen Naturpark) und dessen kleiner Wallfahrtskirche Chiesa del Sacro Monte della SS. Trinità di Ghiffa, haben. Ich bin immer wieder erstaunt, wie Menschen in solch kleinen Pilgerstätten Idole, Bildchen und andere Devotionalien finden, mit denen sie sich die Angst vor der modernen Welt vom Leibe halten.

Oder ist es einfach die Sehnsucht nach dem frühen Glauben, den die Frühchristen noch in den Katakomben besaßen, indem sie Verfolgung und Folter auf sich nahmen. Meistens ist es die Verehrung der Gottesmutter Maria, an die sich die einfachen, vom ländlichen Leben Geplagten und die Alten, vom Leben Zurückgelassenen, klammern ohne weitere Perspektive. Meist sind es die Männer, die keinen Sport treiben, aber sich jeden Tag die Sportschau ansehen, und so ihr Leben zerrinnen lassen. Meist sind es die, die nichts haben, die sich aber den Hauptteil der alkoholischen Getränke leisten, und so auch nicht weit kommen. Das Rauchen haben viele aufgegeben, da es fast nirgendwo mehr möglich ist, aber der Missmut, die Völlerei und andere ähnliche Dinge sind immer noch bevorzugte Kulturgüter.

Es muss ja gewürdigt werden, dass Organisationen wie Greenpeace, Human Right Watch, Amnesty- und Transparency-International sich um das Schlechte in der Welt kümmern, doch sind sie selbst schon Großunternehmen, denen man sich meist nur mit Spenden anschließen kann. Direkte Mitarbeit, von der man sich Bestätigung holen kann, fordert zu viel Zeit. Ich wollte vor Jahren bei den German Doctors, die damals noch Ärzte für die Dritte Welt hießen, als Arzt mitarbeiten, stieß jedoch auf Schwierigkeiten. Der Gründer hieß Bernhard Ehlen, war Jesuit und wollte, dass man – zahlte man ohnehin schon den Großteil des Einsatzes selbst – zudem auch in sehr simplen Unterkünften hausen solle. Ein eigenes Hotel zu nehmen, wurde mir abgelehnt, wohl weil es nicht zum christlichen Armutsideal des Jesuiten passte. Es war ja sicher gut gemeint, die Erste-Welt-Ärzte wie die Mitarbeiter der Heilsarmeen auf dem Niveau der Klienten in der Dritten-Welt tätig werden zu lassen. Ich kam mir dafür jedoch schon zu alt vor, und konfessionell vom Jesuiten gegängelt werden wollte ich auch nicht. So unterstützte ich nun eine kleine Krankenstation in Kenia von zu Hause aus, was das Gewissen beruhigt.

15. Von Pokhara nach Muktinath

Ende der sechziger Jahre des letzten Jahrhunderts wurde der Trekkingpfad von Pokhara nach Muktinath in Nepal eröffnet. Das heißt, dass von da an überhaupt erst Wanderungen in dieses Gebiet gemacht werden konnten. Ich hatte das Glück schon kurz nach der Eröffnung diese etwa sieben bis acht Tage lange Tour (reiner Hinweg) zu gehen. Es klingt sicherlich altväterlich und elitär überzogen, wenn jetzt wieder die Klage kommt, dass es so wie damals dort nicht mehr aussieht. Aber diesmal stimmt es wirklich. Die nepalesische Regierung musste schon vor vielen Jahren ein Sonderprogramm entwerfen, um den Abfall und Müll der Trekkingtouristen zu entfernen. Man trifft auf der Wanderung inzwischen mehr Touristen als Einheimische.

Kurzer Flug von Kathmandu nach Pokhara, von dort existiert wohl eine Route direkt durch das Tal des Kali Gandhaki Flusses Richtung Muktinath. Wir, eine kleine Gruppe von vier Personen und zwei Trägern, gingen jedoch gleich nach Norden über Ghandruk, Shikha, Tatopani, Ghasa, Jomosom bis Muktinath. Es gab noch keine offiziellen Unterkünfte, doch die einheimischen Träger, ein Tibeter und ein Nepalese, konnten uns immer in Privathäusern unterbringen, wo wir auf dem Boden schlafen konnten. Circa acht Stunden gingen wir jeden Tag, oft über fast stufenartige Wege auf- und dann wieder abwärts, später im oberen Teil auf das Kali Gandhaki Tal treffend ging es meist lange und schmale Steige entlang stetig aufwärts. Ich erinnere mich noch gut an den gewaltigen Moment, als man um eine Biegung herum gehend plötzlich den fast achttausend Meter hohen Machapuchare vor sich sah.

Obwohl er sich noch in einiger Entfernung befand, war der Anblick überwältigend und kein Zweifel, dass es sich hier um andere Höhendimensionen als in den Alpen handelte. Man kann ja das Verhältnis von Entfernung zu Höhe manchmal nicht so genau abschätzen, aber hier war es klar und eklatant: einer dieser immensen, fast achttausend Meter hohen Bergriesen, von denen aus man über der Welt thronen kann und somit im Besitz aller Fähigkeiten ist. Diese Bergriesen sind Mahnmale, Götterburgen, megalithische Ungeheuer, die man schon immer und zu Recht verehrt und gefürchtet hat. Es war mir nicht möglich sogleich wieder weiter zu gehen. Man musste auf einem Baumstamm sitzen bleiben und lauschen, ob man nicht das Grollen oder gar eine Stimme des Riesen hören konnte. Es hätte einen sicher sofort ins Zentrum des millionenalten Ur-Wissens gebracht, den dieser Berg auf dem Rücken hat.

Wir aßen fast jeden Tag nur Reis mit Linsengemüse und manchmal etwas Mitgebrachtes, eine Dose mit Pfirsichkompott oder ein paar Nüsse. Schon auf dem Weg trafen wir Leute aus Mustang, einem eigenen kleinen Königreich tibetischen Ursprungs, das ganz hoch im Norden an der

Grenze zu Tibet liegt. Der Zugang nach Mustang war gesperrt, was diesen Ort besonders geheimnisvoll und interessant machte. Sehr tibetisch waren auch die Tracht und die schweren Körbe, die die uns begegnenden Männer und Frauen trugen. Aber ein Permit nach Mustang, das wir schon vorher beantragt hatten, war nicht zu bekommen. Es war schon schwierig genug in das noch um etliches davor liegende Muktinath zu gelangen. Inzwischen hat die nepalesische Regierung den König von Mustang abgesetzt und das Gebiet dieses ganz eigenen Volkes verwaltungsmäßig übernommen. Seit 2009 gibt es auch eine befahrbare Straße und inzwischen werden auch Touristentouren nach Mustang angeboten.

Immerhin ist Muktinath ein Pilgerort für Hindus und Buddhisten gleichermaßen. Aber wie Jomosom, dem letzten Ort davor, war es gar nicht so gut zum Verweilen und In-Sich-Gehen geeignet. Ich empfand es zu schmuddelig, zu simpel, zu kahl und zu hässlich. Der Ort liegt an einem der ältesten Wanderwege Nepals auf fast viertausend Meter Höhe und lässt einen die Abhärtung spüren, die man für den noch weiteren Pilger- und Handelsweg nach Tibet früher benötigte. Irgendwie kommt das Gefühl auf bis zum endgültigen Thron der Götter, dem Potala in Lhasa, gelangen zu müssen. Dach der Welt, Himmelsburg und ausschließlich durch Härte und Entbehrung erreichte Krönungswürde. Aber die Entfernung bis Muktinath genügte auch.

Wir wollten eigentlich von Jomosom, das einen Miniaturflugplatz besaß, mit einer kleinen Maschine nach Pokhara zurückfliegen. Nach Tagen der Wartezeit kam endlich ein Flugzeug, ihm entstiegen jedoch nur Beamte, die den

Flugplatz kontrollierten und wegen angeblicher Mängel schließlich auch noch sperrten, so dass wir und etliche Einheimische, die sowieso nicht alle in die Maschine gepasst hätten, wieder alles zu Fuß zurückgehen mussten. Unsere Träger hatten wir schon entlassen, und so mussten wir uns auch selber die Unterkünfte suchen, die man unterwegs benötigte und das notwendige Essen erhandeln. Doch dies erwies sich als schwierig.

Als Fremde waren wir ‚unrein‘, religiös nicht sauber genug, und so ließ man uns äußerstenfalls draußen auf der Terrasse schlafen und auch Verpflegung war nicht mehr so leicht zu bekommen. Trotzdem würde ich diese Trekkingtour als das Eindrucksvollste bezeichnen, das ich je erlebt habe. Diese winzigen Bergdörfer, die Schluchten, die Rhododendronbüsche, die schneebedeckten Riesen, wiederholt ein Bad im kalten Fluss. Der Pfad, links vom Dhalaugiri und rechts vom Annapurna umgeben, vermittelte schon ungeheure Eindrücke. Sie waren eine Zeitreise zurück in frühere Jahrhunderte und somit auch zu sich selbst. Zweifellos gibt es etliche andere Möglichkeiten auch heute so etwas zu erleben. Ich betone dies nochmals, um dem Image des Ewig-Gestrigen zu entkommen. Etliches geht auch heute noch, aber dann wohl woanders.

Ob es allerdings eine Tour auf den Mount Everest sein muss, ist fraglich. Bekanntlich treffen sich dort oft Auf- und Absteigende und dies noch dazu an den besonders engen Stellen. Viele Todesfälle hat es schon gegeben und ereignen sich erneut jedes Jahr. Einen Wetterumschwung kann niemand genau vorhersagen, die eigenen Kräfte kann niemand vorher wirklich prüfen. Mir sind schon Touren auf den Ortler und auf die große Zinne in den Dolomiten zu anstrengend und zu schwierig gewesen, und so bin ich schon nach einer Stunde umgekehrt. Oft habe ich den Gipfel irgendeines schönen Berges nicht erreicht, weil entweder die Kinder dabei waren und nicht weiter wollten oder ich musste aus anderen Gründen wehmütig umdrehen. Manchmal habe ich aber auch den Schwierigkeitsgrad nicht geschafft.

Wenn man im Leben nur die Hälfte der Ziele erreicht, die man sich vorgenommen hat, ist es schon großartig. Das wichtigste Ziel ist es – ich habe es ja schon mehrmals angedeutet – wirklich und im vollen Sinne Mensch (dreiteilig-einig) zu werden und dann noch, in genau diesen schon vorgezeichneten Weg die Transzendenz mit ein zu beziehen. Denn nur so ist gewährleistet, dass mein Ausdruck ‚wirklich Mensch' nicht ein mythisches Geschnörkel ist und umgekehrt dieses große Wahre dessen, was ich gerade Transzendenz genannt habe, zum Ausdruck kommt. Ich könnte hier auch wieder aus dem Bereich der Psychoanalyse den Begriff der guten ‚inneren Objekt-Konstanz' wählen. Er ist jedoch sehr akademisch und meint wohl eine positive, reife, gelungene, innere Festigkeit.

Wenn Goethe im Faust sagt : 'Denn eben wenn Begriffe fehlen, dann stellt ein Wort zu rechten Zeit sich ein,' so würde ich dieses Zitat umdrehen und sagen: Denn immer, wenn man mit so vielen Worten nicht mehr zurande kommt, dann ist ein definitiver Begriff heilsam. So erweist sich vielleicht der Begriff des Charisma noch als zutreffendst für den Zustand der Seele in der Katharsis und vor allem auch in der Preisgabe dieser *Pass-Worte*. Jeder ist ein Charismatiker, wenn er sich in seinem nach innen gerichteten Blick und seinem ‚vollen Sprechen' findet. Das 'volle

Sprechen' ist eben auch ein enthüllendes Sprechen und nicht nur ein simpel kommunizierendes. Im Charisma enthüllen sich die subjektbezogenen Zeichen, sozusagen das Innerste eines jeden.

Denn das übliche Zeichen ist nur etwas für jemand, aber das Zeichen eines Subjekts ist ein Signifikant, der schon erwähnte Bedeutungsknoten, der unscharf, ungenau und unbestimmt sein kann, aber der zählt! Deswegen nutzen alle Information, Kommunikation und Digitalisierung nichts, wenn sie nur der Vermittlung von üblichen Zeichen dient. Wichtig ist nicht, dass ein menschliches Subjekt sich mit einem anderen Subjekt austauscht, sondern sie sich gegenseitig enthüllen, sich etwas eingestehen, sich öffnen in gegenseitiger Neugier und Achtung. Neugier verstanden als emotionales Interesse und Achtung als besondere Wertschätzung des *Anderen*. Zusammen wirken sie aufbauend, und das zählt.

Mit den Menschen aus Mustang haben wir nur einige Zeit reden können, vermittelt durch unsere dolmetschenden Träger. Wir haben unsere Neugier kundgetan, haben sie auch unsere Achtung vor ihrer noch so ursprünglichen Lebensart und physischen Fitness spüren lassen. Und auch sie haben uns wertgeschätzt, indem sie den Wunsch aussprachen, wir sollten sie doch in ihrem Land besuchen. Aber das ging ja nicht, und so verabschiedeten wir uns mit dem größtmöglichen sprachlichem, mimischen und gestischen Bedauern. Wie könnten wir ihre stolze Schlichtheit in unser Leben integrieren? Was könnten wir ihnen mitbringen oder tun, kämen wir wirklich einmal dorthin?

Es verhält sich wie mit dem Leben der Frühmenschen, denen wir zwar nicht mehr begegnen können, aber wir brauchen uns nur – wie ich es schon weiter oben beschrieben habe – in sie hineinzuversetzen, sie studieren und lieben. Dann spüren wir nämlich ihre gebräunten und gegerbten und von Furchen durchzogenen Gesichter, die wie bei den Leuten von Mustang trotz aller Strenge straff, klar und irgendwie rein wirkten, d. h. nicht so wie unsere, die aufgeschwemmt, verbraucht, verlebt und verzerrt sind. Sie sind von der Hektik, mit der wir bald von Wellnessveranstaltung zu Wellnessveranstaltung hetzen werden, so uninteressant geworden, dass man sich nicht mehr in sie vertieft. Von den Frühmenschen kann man also genau so gut die völlig Entspannte Ungezwungenheit lernen, wie von den Menschen im Himalaya.

Denn man muss sich nicht immer einen stillen Winkel suchen oder eine verschwiegene Dachterrasse, um dieses ‚innere Fitnessgefühl' zu haben, das die Menschen aus Mustang vermittelten. Fit sind sie nämlich nicht nur wegen der Lasten, die sie kilometerweit über die Bergpässe tragen, sondern weil sie innerlich so ganz einheitlich und so stark sind. Die viele Schlepperei ist eher nachteilig, denn mit dieser Arbeit werden sie nicht alt. Meist verwenden sie ihre Yaks als Lasttiere so wie in Bhutan oder anderen Himalaya Ländern auch. Die Tiere sind zäh, angepasst an extreme Höhen und so stark, dass man ihr Blut gegen Krankheiten nutzt (die Tiere werden dabei nicht getötet, sondern nur zur Ader gelassen, aber man muss das Blut trinken, wozu es in Mustang ein eigenes Fest gibt).

Wir haben es vorgezogen das Wasser aus den sprudelnden Gebirgsbächen zu trinken, die den Kali Gandhaki speisen.

Blut trinken muss man nicht unbedingt und ob man es ins normale bürgerliche Essen mischen soll, halte ich auch für fraglich. Der Gourmet-Koch H. This-Benckhard beschreibt nämlich genüsslich, wie man die Soße zum Kaninchenbraten nicht mit Mehl oder Ei, sondern mit Blut bindet.[64] Kurz vor dem Servieren muss das frische Blut noch in die Bratensoße gerührt werden. Der Autor verrät zwar nicht, wo man das frische Blut immer parat hat, aber hier geht es ja nicht darum, ob es besser ist, Vegetarier oder Kannibale zu sein. Vielmehr kann man an diesen Beispielen gut sehen, was Signifikanten sind und warum sie es sind, die zählen. Denn man spürt in diesem Sprechen vom Oralen und von der Kraft, die man sich direkt einverleiben kann sehr schnell, dass der Signifikant „Blut" darin teufelsrot aufleuchtet. This-Benckhard müsste nur noch ein bisschen übertreiben und schon würden seine pikanten Gourmetgeschichten ins Makabre einer totemistischen Blutmahlzeit kippen.

Blutmahlzeiten gehörten bei den Frühmenschen wahrscheinlich zu den ganz normalen Tischsitten. This-Benckhard bringt uns auf Wegen eines modernen Kochbuchs diese Frühmenschen – wenn auch in süffisanter Form – wieder näher, als es Ausgrabungen von ein paar Neandertaler-Knochen tun könnten. Gerade weil er schauriges Blut in sein Essen rührt, kommuniziert This-Benckhard in einer sehr oralen, oro-labialen, Schling-Mund-, Blut-Schlund-Sprache mit uns, die den Pikanterien einer happigen Erotik nicht fern ist. Als Signifikant und nicht so sehr als Zutat zu

---

[64] This-Benckhard, H., Kulinarische Geheimnisse, Piper (2001) S. 229

einer übersteigerten nouvelle cuisine ist „Blut" eben „ein ganz besonderer Saft", wie es schon in Goethes Faust heißt. Ein blutroter Signifikant! Geil nach Blut, das scheint bei manchen Menschen zu zählen!

Und um genau dies geht es auch in einer Meditation. Es muss etwas kommen, das zählt, obwohl es – rein materialistisch betrachtet und ganz im Gegenteil zum Blutrausch – gar nicht da ist. Nur im Körperbild und im Begehren ist es sichtbar, spürbar und in der Intention, im Anspruch ist es hör- und sprechbar. Der Gourmetkoch macht sich genauso wie die Angehörigen des Mustang Volkes bei allen Ehren etwas vor, man könnte durch den blutroten Signifikanten, durch das ekstatische Gekitzel mit dem Blut auch die Lebenskraft eines anderen bekommen. Doch die bekommt man vielmehr durch das Gekitzel der Katharsis, die zudem noch den Anspruch durch ein Identitätswort befriedigt.

Dass es doch so schwer ist, das unbefangene Glück der Primärvölker auf uns zu übertragen, und wir geben ihnen dafür ein bisschen modernes know how. Es gibt keine Zwischenlösung. Es gibt nicht den seligen Manager, den paradiesisch gelaunten Sexualfreak, den glücklichen Bürokraten. Auf dem Weg vom glücklich Befangenen zum neurosegequälten Erfolgsmenschen existieren zwar zahlreiche Zwischenstufen, doch sind sie alle nicht besser. Würde ein Haus an den Hängen des Himalaya helfen, mit grandiosem Blick in die Weite? Eine kleine kenianische Villa am Strand von Msambweni? Oder eine Dachterrassenwohnung am Central Park in New York? Nein. Man findet's eher dort, wovon Tschuang Tse schreibt: nämlich im

„Reich der Stille. Damals war ich drin.

Wirklich. . .

Gesteigert, neu, ganz.

Stille des Wesentlichen.

Rückkehr in den Grund.

Das Unnütze endlich vertrieben . . ."

„Pferde und Büffel haben vier Beine – das nenne ich Himmel. Dem Pferd ein Halfter anlegen und dem Büffel die Schnauze durchbohren, das nenne ich das Menschliche. . . Achte darauf, dass das Menschliche nicht das Himmlische (in dir) zerstört; achte darauf, dass das Intentionale (gu) nicht das Notwendige (ming) (in dir) vernichtet."[65]

Man braucht aber wohl beides. Sie müssen nur in gutem Verhältnis zueinander stehen. Ich erinnere nochmals an den Begriff des Hyperraumes auf, dessen Linien der Einstein'schen Topologie folgen und der auch etwas mit dem Visuellen, dem Identischen oder naiv Analogischen zu tun hat. Denn im Hyperraum bezieht man sich nicht auf den Geometral- oder Fluchtpunkt der klassischen Perspektive, die an der Horizontlinie endet, sondern auf ein Zentrum, das in die ‚Grundlinie', Subjektlinie, mündet, die eine Vision darstellen kann oder eine Wand.[66] Zurückgezogen in

---

[65] Billeter, J.-F., Das Wirken in den Dingen, Mathes & Seitz, (2015) S. 86 und 48

[66] Lacan bezeichnet damit im Gegensatz zur Horizontlinie des äußeren, perspektivischen Sehens, die Linie der inneren Schau, die vom subjektbezogenen Spiegelungspunkt ausgeht, wobei der innere Blick bis ins scheinbar Unendliche gehen kann. Dies führt dazu, dass das Subjekt sich unter dem Blick stehend fühlt, dass es eine Oszillation von Blicken und Angeblicktwerden gibt, also von einem Blick, der einen angeht, der einen selbst betrifft.

den Konkavspiegel des Großhirns weiter zurück, als es für Wahrnehmung und Identifizierung üblich ist. So kann die ‚Rückkehr in den Grund' heutzutage klar verortet werden. So wie man das Universum nur von diesem Punkt höchster Konzentrationen Dunkler Materie/Energie wird verstehen können, so auch sich selbst nur durch die Rückkehr zur ‚Grundlinie' der imaginären Ordnung, wo das ‚Unnütze vertrieben' wird.

Dieses scheinbare Angeblicktwerden kann jedoch auch blockiert sein und wie eine Mauer wirken, wie es Marlene Haushofer in ihrem Roman ‚Die Wand' hervorragend beschrieben hat.

16. Amalfiküste

Mit einem Kleinwagen vom Flughafen Neapel aus ist man schnell so weit oben am Vesuv, dass man nur noch eine gute halbe Stunde Fußweg vor sich hat. Der Blick in den Krater ist gewaltig und man erinnert sich der Bilder von Pompei nach dem Vulkanausbruch im Jahr 79: all die im Ascheregen verschütteten Gestalten, die vergebliche Flucht einiger in den Hafen hinunter, um noch mit einem Schiff aufs Meer hinauszufahren, wo sie vom Ascheregen genau so eingeholt wurden. Wenn man jedoch eine echte Wanderung machen will, ist es besser nach Positano zu fahren und von dort aus den ‚Sentiero degli Dei' nach Praiano (vor Amalfi) zu gehen. Man kann mit dem Bus bis Montepertuso oder gar bis Nocelle fahren, dann spart man sich das Stück auf der Passstraße und es sind nur noch drei Stunden zu laufen.

Hoch über der Amalfiküste hat man dann stets wunderbare Aussichten hinunter zum Meer und den Küstenorten und weit hinüber nach Capri, wo der schwedische Arzt A. Munthe von mehr als siebzig Jahren sein rankenumwobenes Leben führte. Er konnte sich noch wie der Herr eines Kleinparadieses fühlen, nachdem er zuvor in einigen europäischen Großstädten als Arzt gewirkt hatte. Zeitweise betrieb er eine Praxis für die untersten Bevölkerungsschichten, dann wieder nur für die High Society. So war er auch Leibarzt der schwedischen Königen Viktoria. Seine Villa San Michele in Anacapri wurde von vielen bekannten Persönlichkeiten besucht, und von dem herrlichen Garten hat man auch heute noch einen grandiosen Blick aufs Meer. In seiner Autobiographie vermischte er allerdings

Tatsächliches mit verklärten Phantasien, was einer narzisstischen Selbstsublimation gleichkommt. Er konnte seinen eigenen Traum leben und auch noch beschreiben, wohl auch deswegen, weil viele Frauen von ihm schwärmten und weil man das sagenumwobene Idealistische noch als erstrebenswert ansah. Eine feinsinnige Weltnähe liegt uns heute mehr, ein Beispiel also dafür, dass heute manches besser machen kann, wenn man aus der Vergangenheit gelernt hat.

Auch der Wanderweg ‚Sentiero degli Dei' ist von einem ständigen Auf und Ab gekennzeichnet, während er drei bis vier tiefe Hangeinschnitte durchläuft. Mehrmals kleine Steineichenwäldchen, Säulenzypressen, Maulbeerbäume und abgeblühte Magnolien. Am Wegrand Mohnblumen, Salbei, Ginster und Portulak. Man begegnet kaum einen Menschen. Schließlich hinunter nach Praiano, von wo aus man dann mit dem Bus zurück nach Positano fährt, nicht ohne noch vorher die Kirche in Vettica Maggiore besucht zu haben. Schön anstrengend ist auch der Weg von Amalfi über hunderte (oder sind es tausende) von Treppen hinauf direkt nach Ravello, dem schönsten Ort der ganzen Gegend. Ein etwas längerer Weg führt über Scala und ist nicht so mühsam. Park und Aussichtsterrasse der Villa Cimbrone in Ravello sind hier das Highlight abgesehen vom Park der Villa Rufolo, der Richard Wagner zu Klingsors Zaubergarten inspiriert haben soll. Damit wäre ich wieder bei einem Thema, das man ein bisschen aufbereiten kann.

‚Von Wagners Musik verstehe ich nicht viel, wobei ich mich zudem nochmals frage, ob man Musik wirklich voll ‚verstehen' muss und was das heißt. Der Musikphilosoph T. W. Adorno vertritt in seiner ‚Dialektik der Aufklärung' die Ansicht, dass der wirkliche Musikverständige ein Konzert nicht nur in jeglicher Nuance und Hinsicht in sich aufnimmt, sondern auch es voll von der auf diese Musik bezogene Vergangenheit über die Gegenwart bis in die Zukunft hinein versteht und begreifend erfasst.[67] Es folgen vier oder fünf weitere Abstufungen hinsichtlich dieses Musikverstehens, wobei ich mich zur etwa zweiten Ebene des Musikhörers bekennen müsste, nämlich zu der, in der man ein paar Melodien ganz gern hört aber sonst nicht viel mehr. Ganz unten kommen dann noch die Rum-Ta-Ta – Hörer. Ganz oben (Stufe 6) deliriert man.

Als Student hat mich eine Zeitlang die Wagnersche Mythologie begeistert, und ich habe inzwischen vier oder fünf seiner Opern gehört. Und in der Villa Rufolo in Ravello konnte an einem Klavierabend teilgenommen werden, der ganz nett war – so ungefähr wie mitgebucht in der Hotelpauschale und der Führung durch den Garten. Man ist dann rundum versorgt. Entschädigend war der Platz auf der Terrasse des Hotels Villa Maria am Abend mit Blick weit

---

[67] Horkheimer, M., Adorno, T. W., Dialektik der Aufklärung, Suhrkamp (1988)

hinunter zum Meer und den blinkenden Lichtern. Und mit den Streicheleinheiten des Windes, der durch die große Mittelmeer-Pinie fuhr um die Hitze zu besänftigen und einen in kontemplative Stimmung zu versetzen. Prompt hatte ich auch wieder so eine Erfahrung mit dem ‚Hören' aus dem Unbewussten. Ein ‚Hören', das so nahe und doch so fern ist, denn es geht einen an und ist somit mehr als das Hören eines guten Ratschlags. „S´ist asche-brüchig" lautete das ‚Ultrareduzierte' diesmal, was gar nicht so nett und rosig klang, sondern eher etwas düster.

Doch es traf zu. Ich fühlte mich so nicht nur deswegen, weil ich bereits zwanzig Bücher über mein Meditationsverfahren geschrieben hatte, und die Resonanz spärlich war, richtig frustrierend, kurz: ‚asche-brüchig'. Aber auch in der Tiefe meiner Seele war noch etwas ‚asche-brüchig'. Die von mir erwähnte sexuell-aggressive Ur-Szene geisterte viele Jahre in mir herum, das Aggressive des Vaters war in der unbewussten Phantasie (ein Ausdruck, der in der Psychoanalyse ständig diskutiert wird) mit dem Sexuellen der Mutter vermischt und mit mir als dem mal mehr sadistischen, mal mehr masochistischen Objekt verbunden. Ich habe viele Jahre gebraucht es abzustellen, denn es kam immer wieder, fügte sich ins Intimleben ein oder tauchte beim ungerichteten Denken auf. Erst mit der Hilfe solcher und ähnlicher *Pass-Worte* verschwand es ganz.

Die ganze Welt wird einmal zu Asche werden, und jetzt kann ich davon schreiben, denn die Methode die unbewusste Phantasie so direkt zu behandeln kann auch anderen helfen. Es ist ein Riesenunterschied, ob ein anderer, den man vielleicht schätzt, das zu einem sagt, ob man ihm selbst nachgibt, oder ob es einen vom Inneren her mit

einem derartigem Spruch aufrüttelt. Der Religionsphilosoph E. Troeltsch betonte dieses von innen her ,Berührt-
Werden' als Erkenntniskategorie. Nichts ist fest, ,Es wackelt', sagte er oft, um den starren Schriften der gradlini-
gen, ultraorthodoxen Philosophen und Kardinälen, die nur
ihre Karriere und ihren Machtstatus im Sinn haben, kontra
zu geben. ,Es wackelt' und ,S´ist asche-brüchig'. Freud
konnte dieses ,*Es*' nur als das ,Reservoir der Triebe' erfassen, Lacan nannte ,*Es*' ,das Subjekt des Unbewussten'. Wir
sind viel zu sehr Ich und nicht das ,*Es*', das eigentliche
Subjekt, aber gleichzeitig auch der Helfer, der vom *Anderen* in uns selbst kommt.

Und wie sollte man ,*Es*' und gleichzeitig Helfer sein? Man
kann ja nicht nur subjektiven Impulsen nachgehen. Man
braucht auch eine ,Grundlinie', ein Verfahren, eine ,Wis-
senschaft v o m Subjekt', eine subjektbezogene Methode,
die einem die Sicherheit gibt mit sich gut und korrekt um-
zugehen. Nicht alle *Pass-Worte* sind zutreffend, hilfreich
und deutbar. Manche sind eben auch kritisch, negativ, er-
mahnend und verurteilend. Aber das passiert in einer guten
Psychoanalyse ja ebenfalls. Freud meinte sogar, die analytische Behandlung kommt nur dann voran, wenn auch ,ne-
gative Übertragungen' stattfinden, man also eine Wut auf
den Therapeuten hat und ihn idiotisch findet. Häufig brechen Patienten in der ,negativen Übertragung' die Therapie
ab, in der Meditation kann dies nicht passieren. Zu sehr ist
einem bewusst, dass es letztlich die eigenen Gedanken
sind, die einem zusetzen. Aber das kann und muss man aushalten.

Ich habe davon geschrieben, dass F. M. Staemmler mit seinem ,dialogischen Selbst' nicht so weit kam, wie es

Wittgenstein mit seiner ,Trialogie' gefordert hat. Man muss sich also nicht mit dem ,dialogischen Selbst'. Staemmlers begnügen. Ich erwähnte, dass er ein Problem mit Freud hatte, obwohl er sich ja auf dessen Lehre stützte. Auch sein Lehrer F. Perls kämpfte selbst mit diesem Lehrer/Schüler, Vater/Sohn Problem und suchte Freud auf, um es zu besprechen. Aber der dortige Dialog dauerte nur fünf Minuten und begnügte sich mit Höflichkeitsfloskeln. Perls musste er erkennen, dass er große Trauer darüber empfand, mit Freud nicht ,von Mann zu Mann reden' gekonnt zu haben. Doch exakt dies ist nicht das, was er von Freud hätte lernen können. Ihm fehlte, dass er selbst als reiferer Mann nicht zum Vater (zum Vater der Psychoanalyse) hatte reden können, und so im späteren Leben wie auch sein Schüler Staemmler die Psychoanalyse ablehnte.

Genau diese Mischung aus realem und metaphorischem Vater kommt im ,dialogischen Selbst' nicht zum Zug. Von daher ist also vielleicht Wittgensteins ,Trialogisches' noch besser zu verstehen. Diese Triade des Sprechens veranlasste Lacan eines seiner Seminare ,Les noms du père' zu nennen. Les noms du père (Die Namen des Vaters), Les non du père (Die Nein des Vaters) und Les non Dupes errent (Die Nicht-Blöden irren), stellt eine formelwortartige Dreifach-Formulierung, eine formale ,Trialogie' dar indem durch eine Homophonie (Wortklang-Überlappung) im Französischen alle drei Aussagen gleich klingen, obwohl sie drei völlig verschiedene und noch dazu sehr originelle Äußerungen beinhalten. Der Aufbau dieses Satzes ist somit wie der meiner *Formel-Worte* mehrdeutig, man kann sich auf keine Bedeutung allein festlegen. Doch genau so arbeitet auch das Unbewusste, so wirkt auch der/das *Andere*.

Durch so etwas muss man hindurch, um zu einer echten und wahren Aussage des Unbewussten zu kommen. Dies erreicht das ‚dialogische Selbst' nicht.

Die kleinen Gassen von Amalfi sollte man sich ansehen und auch den 1200 Jahre alten Dom mit Krypta und Kreuzgang sowie den belebten Platz von dem ca. fünfzig breite Stufen zum Dom hinaufführen. Alles ein bisschen pittoresk, aber auch ästhetisch und devotionalien-stark, weil die Gebeine des Apostel Andreas seit fast tausend Jahren dort liegen sollen. Sie sind im Jahr 1203 in Sicherheit gebracht worden, bevor die Türken sie in Konstantinopel erbeutet hätten. Dieses Hängen an ein paar Apostelknochen, an Buddhas Zahn oder einem Barthaar Mohammeds ist schon eine eigene Welt, die etwas Morsch-Morbides an sich hat. Ich träumte einmal im Keller meines Hauses einen Bischof mit Mitra an einem Altar stehend zu sehen, alles in Goldglanz getaucht. Erstaunt aber auch ahnend, dass da etwas nicht stimmen konnte, tastete ich vorsichtig nach der Gestalt. In diesem Moment zerfiel alles zu einem modrig-stickigen Staub, der einem den Atem nahm. Der unbewusste Demonstrator hatte die Wirklichkeit gezeigt und die Wahrheit gesagt.

17. Die Euganeischen Hügel

Diese Hügel in Venetien sind eigentlich eher etwas für Fahrradtouren. Die Wege sind nicht weit, wenn auch nicht ohne Auf und Abs. Am besten fährt man von einer der schönen Villen zur anderen, denn diese sind die Höhepunkte. Hie und da gibt es auch eine nette Aussicht von einem der Berghügel. Man kommt vielleicht in Monte Grotto unter oder in Galziniano. Weniger empfehlenswert ist Abano Therme, das immer schon ein Altersheim war und es sicher auch heute noch ist. Die Fahrradtour geht los bei der Villa Emo capodilista im Nordosten der Hügelkette. Ein Prachtbau, den man – wahrscheinlich zu horrenden Preisen – auch mieten kann. Inneneinrichtung und Fresken sind auf jeden Fall sehenswert.

Anschließend kann man über einen der Hügel fahrend die Abbazia di Praglia erreichen, ein großes Benediktinerkloster mit herrlichem Kapitelsaal und Kirche. Auch hier wieder Fresken (z. B. Wandfresko *Kreuzabnahme* des Tizian-Schülers Girolamo Tessari), Malereien und mehrere Kreuzgänge. Der Weg geht schließlich weiter zur Villa dei Vescovi, einer venezianischen Villa aus dem 16. Jahrhundert in Torreglia. Die Villa ist ein großes, quadratisch schlichtes Beispiel für Renaissance-Architektur in Venetien. Sie enthält wichtige Fresken und dazu passendes Mobilar und bietet zudem einen weiten Blick über das Land.

Weiter radelt man in ca. einer halben Stunde zur Villa Barbarigo, bei der der Barockgarten aus dem 17. Jahrhundert das Besondere und Phantastische ist. Er ist so angelegt, dass es Schnittpunkte und Sichtachsen in die verschiedenen

Bereiche gibt, wie etwa das Buchsbaum-Labyrinth, das großartige ‚Bagno di Diana' (Bad der Diana), die Kanincheninsel, die großen Fischteiche, drei kleine Seen, 16 Brunnen und diverse Statuen. Unter einem uralten Nadelbaum in der Mitte lässt es sich gut rasten, wobei man sich an S. Georges Gedicht erinnern kann:

„Komm in den totgesagten park und schau:
Der schimmer ferner lächelnder gestade . . .
Dort nimm das tiefe gelb - das weiche grau . . .“

Von der Villa Barbarigo aus wäre es dann nicht mehr weit nach Arquà Petrarca, ein kleines stattliches Nest auf mittlerer Höhe mit einem schönen Marktplatz, Kirche und Granatapfelbäumen. Doch dieses Highlight hebt man sich besser für den nächsten Tag auf. Es handelt sich nicht nur um den kleinen Ort, sondern um die Villa des Dichters Petrarca (1304 – 1374) und natürlich auch den Dichter selbst, für das – alles in allem – man sich einige Zeit nehmen muss. Die wunder-schöne ‚Casa Petrarca' ist von einem kleinen Garten, in dem der Dichter Wein, Äpfel und Gewürze angebaut hatte, umgeben. Heute wachsen dort Buchsbäume,

Oleander, Pinien, Lorbeerbäume, Oliven und Kirsch-
bäume. Der Zustand, in dem der Besucher den Alterssitz
Petrarcas heute vorfindet, geht auf einen Nachbesitzer aus
dem 16. Jahrhundert zurück. Er ließ das obere Stockwerk
mit herrlichen und interessanten Fresken ausmalen, die sich
auf die Hauptwerke des Dichters beziehen.

Entscheidend für Petrarca und uns als seine ihm nachfor-
schenden Touristen war des Dichters Begegnung mit
‚Laura‘. Es hat sich möglicherweise um Laura de Noves
gehandelt, eine verheiratete Frau aus Avignon, besseren
Kreisen zugehörig. Die Geschichte erinnert stark an die
von Dante und Beatrice, denn Petrarca hat mit Laura nie
ein Wort gewechselt und sie wohl nur einmal ganz kurz gesehen. Wahrscheinlich war es gerade das, was aus ‚Laura‘
eine Göttin und eine unerreichbare Geliebte machte. In seinem ‚Canzoniere’, einem Gedichtzyklus von 366 Gedich-
ten und Sonetten besingt der Dichter sein erotomanisches
Bild in gekonnter Lyrik. Man darf aber nicht glauben, dass
der Poet unter dieser scheinbar unglücklichen Liebe gelit-
ten hätte. Er brauchte sie – ihr gegenüber prüde bleibend –
nur für seine Kunst.

Denn er spielte mit Lauras Namen ein phonologisches
Spiel und verfasste eine Lyrik, die genial mit Worten wie
laureato (geehrt), l´aurora (Morgenröte), lauro (Lorbeer),
aureo (golden), aura (Luftzug, Aura) und Amors ›aurato
strale‹ (dem goldenen Pfeil) usw. umgeht. Alles Poetismen,
die nicht nur auf die Geliebte, sondern – wie Literaturken-
ner sagen – auch auf ihn, den Poeten selbst hinweisen sollten. Petrarca war nicht wenig eitel. Die Frau war also wohl
Mittel zum Zweck, war vorwiegend Muse des Dichters.
Laura war das virtuell und symbolisch Erotisierte, das

glückliche Papier auf dem er schrieb, der Lorbeerkranz, den er sich schließlich aufs Haupt setzen konnte. Denn im Jahr 1341 wurde Petrarca auf dem Kapitol in Rom zum Dichter (poeta laureatus) gekrönt, wobei Beziehungen zur Jury eine Rolle gespielt haben sollen. Er war ein Bohemien und gleichzeitig ein Patrizier, einer, der zu leben verstand. Immerhin wurde er siebzig Jahre alt, was damals schon sehr viel war.

Eine Frau, die fast nur dichterisch existiert, zur Heroin und in unglücklicher Liebe verehrten Göttin zu machen, war immer schon ein geschickter Trick in der Literatur. Auch Goethe lässt seinen Werther gegenüber seiner Angebeteten in schizoid-histrionische Zustände geraten, die ihn schließlich in den Suizid treiben und seinem Autor den literarischen Durchbruch ermöglichten. Dass sich viele Nachahmer Werthers fanden, die sich ebenso umbrachten, quittierte Goethe mit einem Achselzucken. Wenn es mit der realen Geliebten – der Frau von Stein – nicht klappte, musste eben eine andere, erfundene, Lichtgestalt her, an der der Goetheliebhaber zerbrechen, aber mit der man auch reüssieren konnte.

Auch für S. Freud waren Frauen (die Hysterikerinnen) in erheblichem Maße Mittel zum Zweck der Erfindung seiner Psychoanalyse gewesen. Er war es, der die Frauen als erster auf die Couch gelegt und sich dann nah an ihnen positioniert hatte, nur um – heikel genug – herauszufinden, wer sie waren. Doch all dies kann nicht die Leistungen Petrarcas oder Freuds und all der anderen Kulturheroen schmälern, bei denen die Frau als ‚D i e', also mit dem bestimmten und universalierenden Artikel geschrieben werden muss. Lacan meint nämlich, dass es ‚D i e Frau' gar nicht gäbe, es existiere wohl diese oder jene, aber wer glaube, dass er ‚D i e Frau', die absolute Frau per se, gefunden habe, sei wohl verrückt. Doch Dichter und Wissenschaftler dürfen eine gewisse Verrücktheit verwenden, die der Genialität nahesteht.

Was jedoch den Besuch in Arquà Petrarca für meinen Artikel in diesem Bergwanderbuch noch weitere Bedeutung verleiht, ist die Tatsache, dass Petrarca der erste „touristische" Bergbesteiger war. Jedenfalls wird er auch heute noch von Alpenvereinen in diesem Sinne lobend erwähnt. Im Jahr 1336 wanderte er nämlich auf den Mont Ventoux in der Provence und gilt seitdem als ‚Vater der Bergsteiger'. Zudem hatte er auf dem Gipfel ein gewisses Erweckungserlebnis, als er dort ein zufällig aufgeschlagenes Wort aus den Confessiones des Augustinus gelesen hatte.[68] Bekannt geworden, wurde er später an den Hof des Kardinals von Avignon berufen und war danach für acht Jahre auch Gesandter in Mailand. Neben seinem Gedichtzyklus sind auch sein lateinisch geschriebener ‚Dialog' und einige Madrigale Besonderheiten seines Wirkens.

Doch nunmehr geht es weiter nach Monselice, einem etwas größeren Ort am Südrand der Euganeischen Hügel. Die erste urkundliche Erwähnung Monselices stammt aus dem Jahr 568 und bezieht sich auf die Einnahme der Stadt durch

---

[68] Übrigens hat Augustinus genauso gehandelt. Er schlug die Bibel an einer zufällig gewählten Stelle auf, als er meinte, im Nachbargarten eine Stimme gehört zu haben, die sagte: ‚Sieh und lies'. Selbstverständlich war es dann genau die Stelle, die – wie er selber meinte - auf ihn passte und ihn zum Glaubensverkünder machte.

die Langobarden. Auf dem kleinen Bergrücken in der Stadt liegt die Villa Duodo, zu der man hinaufpilgern kann um wieder einmal einen schönen Rundblick zu haben. An bestimmten Tagen gibt es auf dem Hauptplatz einen netten Markt, wo alles gehandelt wird, was es gibt.

Die Euganeischen Hügel haben vor allem durch die Badeorte mit Fangoanwendungen und ihr Heilwasser Bedeutung erlangt. Doch weder Fango noch warmes Wasser können Großes bewirken. Zur Vorbeugung von Arthrosen ist viel Bewegung ohne Belastung der Gelenke das Beste, also Schwimmen, Radfahren und Turnen auf der Matte sowie Gewicht abnehmen. Bergwandern – ich hatte es schon erwähnt – schneidet hier schlecht ab. Künstlicher Gelenkersatz ist heute zur Routine geworden, aber das Operationsrisiko bleibt. Wenigstens wirkt das warme Wasser entspannend und fördert das Kontemplative. Und so radelt man zum Schluss nach Ferrara weiter, einer uralten Stadt mit herrlicher Kathedrale und zahlreichen Palazzi. Zudem ist Ferrara die Stadt der Radfahrer, man befindet sich also in der richtigen Gesellschaft. Ein paar Kirchen und ein schiefer Turm sind die Wahrzeichen.

Diesmal schreibe ich nichts zu meinem selbsttherapeutischen Verfahren, denn es könnte nun langsam allzu monoton werden. Ich füge lediglich noch ein paar Bemerkungen im Sinne Petrarcas an, dessen musikalisches Spiel mit Vokal- oder Silbenwiederholungen ich ja zitiert habe. Die Literaturwissenschaftlerin S. Bayerl hat in ihrer Untersuchung „Von der Sprache der Musik zur Musik der Sprache" eine umfangreiche Darstellung dieser Thematik, die sich um die am ‚Geiste der Musik' orientierten Sprachmodelle dreht, vorgelegt.[69] Rhythmus und Vers, haben oft eine Metrik, die nicht nur der besseren Deklamation, sondern auch der besseren Mnemotechnik diente. In diesem Sinne verweist Bayerl auf „Sprachkomponisten" und „Mundartisten" wie E. Jandl, der die „Wörter spaltet", der vom „Röcheln (statt Lächeln) der MonaLisa" spricht, vom „violetztes Mal", wenn er das Violett vom vorletzten Mal hereinbringen will oder das ebenso farbige „Rot / schherunter" betont. Der Leser wird erkennen, dass es dabei doch wieder um die B(r)uchstaben geht, die mir so am Herzen liegen.

---

[69] Bayerl, S., Von der Sprache der Musik zur Musik der Sprache, Königshausen & Neumann (2002)

18. La Palma, Gran Canaria und Lanzarote

Die grüne Insel La Palma bietet viele und schöne Wanderwege. Manche empfehlen als Einstieg in die Wandertouren in der Mitte der Insel die Cumbrecita Runde um den großen Vulkankessel, die Caldera de Taburiente, zu machen. Der Weg ist leicht und in nur einer Stunde zu bewältigen. Anspruchsvoller ist es einen ersten Ausflug ganz nach Süden zu den Volcanes de Teneguía zu versuchen. Man geht zuerst auf den Kraterrand des San Antonio, danach zum Teneguíakrater, der 1971 ausgebrochen bzw. sich neu gebildet hat. Der Weg ist ähnlich wie der Nordostweg in Madeira, viel Fels, Lava, Sand und die Dickblattgewächse der Gattung Äonium. Die etwa vierzig bekannten Arten von Äonien gibt es nur auf den Kanaren, speziell in La Palma. Etwas Besonderes sind auch die vielen Drachenbäume auf der Insel, die es in dieser Menge nur dort gibt.

Interessant wirkt auch eine Wanderung durch den Lorbeerwald im Nordosten. Viele gehen den Weg durch die engen und niedrigen Tunnel von Casa del Monte aus, doch umgekehrt, vom Ende der Autostraße aus, muss man sich nicht so abmühen und wandert durch die wunderbaren Barrancos del Agua und wieder zurück. Insgesamt stehen über dreißig Routenbeschreibungen in den Wanderführern, denen ich hier nicht allen ausführlich nachgehen muss. Die Insel ist jedenfalls nicht überlaufen und große Hotelblöcke gibt es (2011) immer noch nicht.

Dies steht ganz im Gegensatz zu Gran Canaria, wo sich im Osten und Süden die Hotel- und Apartmentblöcke aneinanderreihen. Trotzdem, im Nordwesten Gran Canarias finden sich phantastische, senkrechte Felsklippen und das Innere ist immer noch erforschenswert. Zwar wird es kaum jemandem noch glücken, oben in der zentralen Bergwelt die ‚blaue Blume' der Romantik zu finden, wie es dem bekannten spanischen Dichter Unamuno einst gelungen ist. Ich konnte leider selbst nicht mehr eruieren, wie diese Blütenpflanze hieß, die wohl äußersten Seltenheitswert besaß und von Unamuno dort in der völligen Einsamkeit der rauen Felsen entdeckt wurde. Der Dichter beschreibt diese unverhoffte Entdeckung jedenfalls als ein meditatives Erlebnis, was es zweifellos war und das er auch nötig hatte. Denn sein Leben war völlig zerrissen zwischen Kunst, Philologie, Politik verschiedenster Richtungen, kompliziertem Privatleben, Philosophie, dem Erlernen zahlreicher Sprachen, Dichtung, schließlich der Verbannung und einem recht unbesonderen Ende.

In seinem philosophischen Buch ‚Das tragische Lebensgefühl' schrieb Unamuno: ‚Alles Vitale ist antirational, und alles Rationale ist antivital', ein scheinbar unauflösbarer Widerspruch. Im Leben eines jeden Menschen findet sich letztendlich diese Grenze des Unauflösbaren, des

Unmöglichen, wie es auch das Lacansche ‚Reale' betraf. Das Reale ist nicht die äußere Realität, sondern eine innere Grenze, an der man sich immer wieder stößt. Es erinnert an Marlene Haushofers Roman ‚Die Wand', die nicht sichtbar und doch undurchdringlich ist. Ähnlich sieht es der Philosoph Clement Rosset, den ich bereits damit zitiert habe, dass das Reale besonders dann wirksam wird, wenn man sich im Einklang mit seinen Doubles, also mit sich und dem *Anderen (groß A)*, befindet.[70]

Das hat nämlich etwas Wahr-Wahnhaftes an sich, denn wenn der Mensch darauf besteht, unbedingt vom *Anderen* wahrgenommen zu werden, kann das Reale sich überall zeigen. Wenn man nur und ausschließlich dann existiert, wenn das große ‚Du' (ein personifiziert Reales) einen wahrnimmt, hat man kein Ich mehr. Das Reale erscheint auch immer anders als man es sich vorgestellt hat. Es ist ein ewiger Schatten. „In einer Psychoanalyse beispielsweise müsste das Geheimnis, das der Analysand am eifersüchtigsten wahrt, nämlich dass er eigentlich gar nichts zu verbergen hat, enthüllt werden, und dies geht nur mit einer gewissen Gewaltsamkeit, die der der Vergewaltigung im Beichtstuhl ähnlich ist," schreibt Rosset.[71]

M. Haushofers Protagonistin in dem zitierten Roman ist ebenfalls nur auf pathologische Weise in Harmonie mit ihren Doubles, den aufs rein Mannhafte reduzierten Männern, im Einklang. Als einer von ihnen nämlich plötzlich

---

[70] Rosset, C., Das Reale, Traktat über die Idiotie, Suhrkamp (1988) S. 50-63.

[71] Rosset, C., Das Reale in seiner Einzigartigkeit, Merve (2000) S. 154-168

die Wand durchbricht und gleich zwei ihrer Tiere mit einer Axt tötet, erschießt sie ihn. Das Reale lässt sich also nicht so leicht bewältigen und auch nicht messen, nicht richtig definieren, da man ihm kein Beispiel und keinen eigentlichen Wert zuweisen kann. Es bleibt einmalig und verweigert sich damit jeder Interpretation oder Charakterisierung. „So sind zum Beispiel die Objekte des Lachens, des Schreckens, der Begierde, des Films und der Musik Anlass für befremdliche und exemplarische Wahrnehmungen des Realen. Diese Täuschung ist in der Tat der Spiegel des Menschen, der durch die Erwartung eines Ereignisses, das nicht stattgefunden hat, wo es sein sollte, gefangen ist," so Rosset.

Und weiter: „Da wir uns somit wohl nie an das Reale gewöhnen können, versuchen wir es selbst zu verändern, indem wir es bearbeiten, korrigieren und erweitern und uns bemühen, seine rohe Erscheinung spiegelflächig zu glätten. Es gilt dabei, regelrecht die Wirklichkeit von sich fernzuhalten und sich durch Schlupflöcher und Luftschlösser vor dem Eindringen des Realen zu schützen. . . Im Grunde muss der Mensch das Reale verwerfen, da es ihn in den Konflikt zwischen Anerkennung der Wirklichkeit oder Bewahrung des Selbst führt. Der einzige Weg, es zu akzeptieren scheint nur der der vollkommenen Dummheit, der reinen Gedankenlosigkeit, oder der der Selbstvernichtung zu sein. So muss sich das Subjekt, um zu überleben, für sich selbst und damit gegen das Reale entscheiden."

Hier übertreibt der Philosoph, denn ein Rückzug auf des Elementarste von einem selbst ist, um von dort aus - wenigstens ‚ultrareduziert' in *Strahlt* und *Spricht* und somit doch positiv – fortschreiten zu können, möglich. Ich nehme später nochmals Stellung zu diesem Vexierbild des Realen, das also irgendwie – ständig unfassbar – da ist. Es ist ein Körper ohne Gestalt so wie die Lavalandschaft auf Lanzarote, die ich noch kurz erwähnen will. Der Timanfaya Nationalpark im Südwesten der Insel ist das interessanteste Gebiet und erstreckt sich über 51,07 qkm, Hier entstanden damals 32 Vulkankegel, der letzte Ausbruch ereignete sich 1824. Am Islote de Hilario starten Busse, die einen durch die Vulkanlandschaft fahren. Diese Tour ist empfehlenswert, denn man kommt nahe an die Lava heran. Alleine kann man nicht durch den Park wandern. Es gibt überall heiße Lavastellen, bei denen man die Glut unter den Steinen sehen kann.

Am Islote de Hilario, führt ein Parkangestellter vor, wie sehr es unter der Erdoberfläche noch brodelt. Er steckt etwas Gestrüpp in ein Erdloch. Nach wenigen Sekunden brennt es lichterloh. Rotgraue, orangefarbene und schwarze Fels-Lava-Gesteins-Massen erzeugen ein Szenario, das von seiner physischen Seite her tatsächlich an so etwas wie das Reale erinnert, auch wenn es nur dessen Endprodukt ist und somit mehr die äußere Realität darstellt. Lanzarote bietet noch andere Besichtigungsgründe, nämlich die Wirkung, die der Architekt und Kulturalist Cesar Manrique hier hinterlassen hat. Er hatte schon früh die Gefahr des Massentourismus und der dazugehörigen monströsen Hotelburgen erkannt und sich ökologisch-puristischer Architektur zugewandt.

So erstellte er nur wenige eigenwillige Bauwerke, aber auf die Dauer wird sich dieses ,Small is beautiful', das auch anderswo die Öko-Psychologen auf ihre Fahnen geschrieben haben, auf Lanzarote nicht halten lassen. Wie ich nachlesen konnte, gibt es zurzeit bereits mehr als zwanzig Fünf-Sterne-Hotel-Paläste auf der Insel passend zu den mehr als zwanzig Jahren, die Cesar Manriques bereits tot ist. Das ‚Small is beautiful' erinnert mich jedoch an ein ganz anderes Phänomen, nämlich an die Methode des AMSR (Autonomous Sensory Meridian Response), bei der die Leute sich schon mit ganz kleinen und unbedeutenden Geräuschen in euphorisch-kathartische Zustände bringen. Ich habe schon die elektrische Zahnbürste erwähnt, die nahe aufgestellt das Kleinkind bei Gejammer und Unruhe recht schnell beruhigt. Die AMSR-Adepten laden sich sogar eigene, dafür erstellte Videos herunter, die leichte Kratz, Reibe- oder Knirschgeräusche bei verschiedensten Gelegenheiten zeigen und hören lassen, um ebenso Entspannung und Chill-Out-Gefühl zu erreichen.

Doch das Ganze ist ein Witz und ein Geräuschfetischismus zugleich. Jeder moderne Mensch weiß inzwischen, dass man in einer fremden Stadt im vierten oder fünften Stockwerk eines Hotels bei offenem Fenster liegend die Geräuschkulisse ebenso zur Katharsis nutzen kann. Der leise und monotone Verkehrslärm, das ferne Geplapper menschlicher Laute und das Flüstern der Stadt und des Windes ergeben die ideale Hörkulisse zur Beruhigung und Entrückung. Man greift auf einen Atavismus, auf ein in der frühen Kindheit (Geräusche im Mutterleib?) oder frühen Menschheit (primäre Sprachgeräusche) wesentliches Element der Gegenseitigkeit zurück. Es ist, als führe man eine Unterhaltung mit dem ‚universalen Gemurmel' des Unbewussten, das diesmal sowohl von innen wie auch von außen herkommt.

Die AMSR-Probanden sind aber ständig auf der Suche nach immer anderen, zum Teil recht skurrilen Reizen, was sie eigentlich von dem wesentlichen Anteil des Gemurmels, nämlich dem, der die Wahrheit andeutend von innen kommt, ablenkt und immer weiter wegführt. Sie werden so niemals zu den so wichtigen *Pass-Worten* aus dem Unbewussten kommen, sondern im Gesumme einer infantilen Katharsis verbleiben. Denn intime Körpergeräusche sind sehr beliebt und führen in ein Delirium frühzeitlicher Verschmelzungserlebnisse, die z. B. für die Frühmenschen zur Kommunikation notwendig waren, da sie nur über wenige der modernen Sprachlaute verfügten. Katharsis ist in der Meditation wichtig, aber sie muss aus innerer Erfahrung kommen (inner touch) und gleichzeitig das Dialogisch-Trialogische begleiten.

Das gleiche, was für den Geräuschfetischismus gilt, gilt auch für den Fetischismus, der mit dem Bild, der bildhaften Vorstellung, dem Ikonischen oder dem Pixel betrieben wird. Während man vor 200-300 Jahren nur die Bilder der Natur und die Gemälde einzelner Maler zu Gesicht bekam, geht es heute um die milliardenfach häufigere Konfrontation des durch Foto, Fernsehen, Film, Computer, Illustrierte, YouTube etc. unmittelbar Visualisierten. Wir sind fast zwangsläufig Ikon- und Pixelfetischisten geworden, und wissen daher gar nicht mehr, welche Bilder eigentlich maßgeblich für uns sind und welche nicht. Ich habe diesen Sachverhalt schon bei der Idyllophilie und der bildenden Kunst erwähnt und muss es hier nochmals betonen. Früher hat man nur auf Christusvisionen gesetzt, Bilderstürmer waren en vogue. Heute müssen wir lediglich ein bisschen auswählen, ob wir wirklich alles sehen wollen, was man uns vorführt. Wir würden schon durch das Weniger-Ist-Mehr in Ekstase geraten.

Was das bedeutet, muss jeder selbst entscheiden. Dass gerade die etwas kargen, nicht zu bunten Landschaften die schönsten sind, ist wahrscheinlich in etwa zutreffend. Selber malen oder fotografieren war immer schon ein Ausweg aus der Überflutungsmisere durch die Pixelwelt oder verdummende TV-Produktionen. Doch vorerst nochmals zurück nach La Palma. Inzwischen (2016) gibt es offensichtlich doch zwei große Hotels im Westen der Insel, die auch stets das bessere Wetter hat. Der Roque de los Muchachos, ein über 2400 Meter hoher Vulkankegel fängt die Wolken ein und lässt sie über der Ostseite stehen.

Doch all dies tut dem ansonsten üppigen Grün keinen Abbruch. Ein langer Tunnel verbindet die Ost- und Westseite, so dass man die Insel in ihrer Breite schnell durchqueren kann. Man kann jeden Tag mal schnell in den Westen hinüberschauen, wenn man – wie ich damals – im Osten wohnt, wo die Vegetation eben üppiger ist. Noch besser ist es freilich nach El Hierro überzusetzen, das von der Unesco zum schützenswerten gebiet erklärt wurde und ein landschaftliches Paradies darstellt. Und selbstverständlich muss ich dabei auch auf die dort noch geübte Pfeifsprache hinweisen, die so gut erklärt, dass nicht nur Musik und Sprache ineinander gehen, sondern auch schon der innige Ton aus der Sphäre des *Anderen* fast bis zum Trialog hinüberreicht.

19. Die Gorges von Verdon

Von Nizza, über Cannes und Grasse, der Welthauptstadt des Parfüms, kommend erreicht man leicht in einem Tag den Ort Castellane in der Haute-Provence. Ein scheinbar unbesonderes Städtchen und dennoch, das kleine Restaurant nördlich des Hauptplatzes und das ebenso nette Hotel unweit davon machen es exklusiv und gemütlich. Oft sind die abgelegenen, unauffälligen schlichten Orte in Südfrankreich die beste Alternative zum Massentourismus. Gut, aber wenn man dann durch die Verdon-Schlucht gewandert ist und weiter bis nach St. Tropez fährt, steckt man wieder genau in dieser Form zu reisen, wohin alle fahren. Der einzige Ausweg besteht dann darin, dort, in St. Tropez, im kleinen, winkeligen Hotel Maison Blanche zu übernachten.

Doch zuerst ein Blick in die waghalsige Schlucht z. B. bei einer Wanderung vom Col d'Olivier und an den Cascades de Saint-Maurin am Ende der Gorges du Verdon entlang, bis diese in den Wassermassen des Sees Lac de Sainte-Croix münden. Der untere Wasserfall gibt dem Ganzen eine phantastische Note. Man kann die so genannten Travertinfalten im Kalkstein sehen, die durch das kalkhaltige Wasser gebildet worden sind. Die Wanderung geht einmal oben und einmal unten der Schlucht entlang. Alles ist eindrucksvoll, und so bin ich wieder beim Nachdenken über das Reale und seinen Bezug zur Realität. Denn was unterscheidet die beiden, wenn man von der gerade diskutierten Ikonologie ausgeht?

Für I. Kant war Gott nicht so wichtig, denn es gab (wie schon angedeutet) schließlich das ‚Ding an sich‘, was auch nichts anderes war als das von mir gerade erwähnte und von Rosset herausgestellte ‚Reale‘. Das ‚Ding an sich‘ war das, was man nicht wie die üblichen Dinge der Alltagsrealität fassen konnte. Schopenhauer hat daher gemeint, dass dieses ‚Ding an sich‘ nichts anderes sei als der Wille, ein Wollen, das er der Vorstellung (den Objekten) gegenüberstellte. Freud machte schließlich daraus das unbewusste Begehrten, den Trieb, der ebenfalls den Objekten gegenübersteht. Und Lacan ging noch einen Schritt weiter und sagte, dass das Begehren dem Subjekt selbst nicht nur unbewusst, sondern ihm gegenüber auch kaum Erforschbares, *Anderes* ist, L'Autre (der/das *Andere*). Er sagte, das Unbewusste ist aufgebaut wie die Sprache des *Anderen*, wie ein ça parle, ein ‚Es *Spricht*‘. ‚Es *Spricht*‘ in einer Sprache ohne Worte. Dieses ‚*Spricht*‘ aus dem Unbewussten als etwas Verwirrendes, Quälendes zu verstehen, schließt den Kreis wieder zu Kant und zu Gott zurück.

Warum Quälendes? Ich bin kurz vor dem Emde meiner Erzählungen und habe das Gefühl, zu viel so halb verbindlich von allem und nichts geredet zu haben. Ständig habe ich meine analytisch-kathartische Methode geschildert und versucht sie als weiß Gott wie großartig zu verkaufen. Aber den Selbstbezichtiger im Büßerhemd will ich jetzt auch nicht präsentieren. Um mich selbst erklären zu können muss ich kurz auf meine Geschichte verweisen. Diese Zeilen habe ich erst im Jahr 2025 geschrieben, also lange nach der Erstveröffentlichung etwa um 2001 herum und einer Neuauflage um 2016. Informations- und Medien-Kanäle haben sich seit den Anfängen unglaublich vermehrt, so dass ich gar nicht mehr weiß, was ich dazu sagen könnte. Dieses so ein bisschen schwärmerische auf die Berge steigen kommt mit heute selbst unglaubwürdig vor.

Zudem muss ich sagen, dass ich schon seit den siebziger Jahren des letzten Jahrhunderts an einer Krankheit leide, von der ich erst vor kurzem in einem Buch berichtet habe. Der Titel ‚Die somatoforme Schmerzstörung' besagt, dass es um etwas Quälendes geht, das körperlich und psychisch gleichermaßen verursacht ist und eine gewisse Beziehung zu den sogenannten Long-Virus-Erkrankungen hat, wie sie erst so richtig nach der Covid-Pandemie bekannt geworden sind. Nun habe ich diesbezüglich kaum ein Medikament genommen, weil ich mir sicher war, ich kann die nun auch nicht allzu schweren Beschwerden auch so bewältigen. Dafür aber habe ich das Schreiben, die Wanderungen und beruflichen Tätigkeiten, Ehe, Familie und anderes gebraucht, um mich zu therapieren.

Ich selbst bin eigentlich der Leser dieses Buches, bin eigentlich der Patient, und frage mich, was ich – wiederum eigentlich – noch tun kann. Ich könnte mich wie Daniel im Alten Testament verhalten, der wusste, dass er nicht mehr tun muss, weil auch die anderen nicht mehr tun, und deswegen der beste Traumdeuter war – besser auf jeden Fall als all die Psychoanalytiker (denen ich auch angehört habe). Am Anfang meiner Ausbildung dazu sagte mir einer der leitenden Lehranalytiker des Instituts, ich müsste meine Arztpraxis, die ich gerade erst eröffnet habe, aufgeben, wenn ich ein wirklicher Psychoanalytiker werden wolle. Einerseits hatte er durchaus recht, ich wurde nie der Herzblut-Analytiker, ich war von schon bald gegen das Ausbildungsinstitut eingestellt. Andererseits musste ich meinen Lebensunterhalt aber als Allgemein-Mediziner verdienen.

Die Geschichte von Daniel, dem Traumdeuter im Alten Testament, hat meines Erachtens mit dem Wesen der Es *Strahlt*, dem imaginären Signifikanten, dem *Erscheinungs-Wirkenden* zu tun. Der König Nebukadnezar begann beunruhigende Träume zu haben, und schickte nach seinen Gelehrten und Magiern, die ihm den Traum deuten sollten. Doch der König weigerte sich hartnäckig, den Inhalt des Traums zu erzählen, worauf diese ebenso hartnäckig reagierten und darauf bestanden, dass sie ihm nicht helfen könnten, wenn sie nicht wüssten, was der König geträumt habe. Nun wollte Nebukadnezar alle Gelehrten umbringen, obwohl sie es damals genauso gemacht haben wie es heute die Psychoanalytiker tun würden; allerdings käme heute kein Patient auf die Idee, um eine Traumdeutung zu bitten, ohne den Traum zu erzählen. Allerdings sind die Therapeuten heute auch nicht so schlau wie Daniel es war.

Als Daniel nämlich von Nebukadnezars Plan erfuhr, versenkte er sich in das Bild seines Gottes, vertraute ab er letztlich seiner Schlauheit und erfuhr so ungefähr, was der König geträumt hatte. Wie ein Hedgefonds-Manager wahrscheinlich von Geld träumt, ein sexsüchtiger Mann von einer Prostituierten, träumt ein König höchstwahrscheinlich von Macht und von der Frage, wie er seine Macht durch geeignete Nachfolger erhalten konnte. Und so erklärte Daniel dem Nebukadnezar, dass dieser im Traum wohl eine hochgewachsene Gestalt gesehen habe, deren Kopf aus Gold und darunter andere metallische Schichten bestand. Das Gold, sagte er, sei der König selbst, dann kämen andere, weniger erfolgreiche Herrscherfiguren, aber schließlich würden alle zu einem unendlichen Reich verschmelzen. Das beruhigte Nebukadnezar über alle Maßen, und er machte Daniel zum obersten Präfekten über große Teile Babylons.

Heute hätte Daniel seinem König wahrscheinlich geraten, analytisch kathartische Therapiestunden zu Hause zu üben. Dann käme eben mehr das betont Bildhafte ins Spiel und könnte die worthaften Deutungen bereichern. Und damit noch einmal kurz nach St. Tropez. Gegenüber dem besagten Hotel Maison Blanche liegt ein schöner länglicher Platz, zum Teil von Bäumen überschattet, zum Teil mit Marktständen und Restaurants bestückt, wo man im Freien wunderbare marinierte oder überbackene Artischokengerichte serviert bekommt. Über die Rue François Sibilli gelangt man anschließend schnell zum Hafen, um sich dort die Yachten der Oligarchen ansehen zu können. Hier geht es nicht um die besonderen Jemands, sondern um den besonderen Reichtum, bei dem man sich fragen muss, ob er wirklich noch ein Genuss ist, wenn eine Yacht direkt neben der anderen liegt, hunderte, wie Heringe in der Dose. Natürlich sind wir alle Gott, jeder eben auf seine Weise, doch wie man es nicht so unmittelbar gut sagen kann, sollte man es auch besser nicht zeigen.

Leider muss ich nun doch noch zwei Kapitel anhängen, denn die waren schon fertig geschrieben, als mir meine selbstkritischen Gedanken kamen. Doch es ist wirklich ein Problem, wenn man viel gelernt, gesehen und auch ausgehalten hat, wie man und ob man überhaupt davon etwas vermitteln soll. Denn eigentlich wäre es sinnvoller, etwas für die entsetzliche Armut auf der Welt zu tun, für die quälenden Krankheiten und gegen die weltweit zunehmende totalitäre Politik. Das wollte ich auf jeden Fall noch sagen, egal ob es etwas taugt oder nicht.

20. Rittner Horn

Man kann von Bozen mit der Seilbahn nach Oberbozen
fahren, von dort mit der Kleinbahn nach Klobenstein, dann
hinauf zur Seilbahn aufs Rittner Horn und dort noch eine
gute dreiviertel Stunde bis zum Gipfel gelangen. Ich habe
die Strecke von Pemmern aufs Rittner Horm (untere Hütte)
mit dem E-Bike (Pedelec) bewältigt, aber man sollte nicht
glauben, dass dies Anstrengung erspart. Denn im ersten
Gang geht es zu langsam, im zweiten ist man schon schnel-
ler als die meisten normalen Mountain-Biker, muss dafür
aber auch schwer in die Pedale treten. Zudem, man kann
keine Pause machen. Denn die grimmig schauenden Mountain-Biker, die man dauernd überholt hat, würden sich vor
Spott kringeln, wenn sie einen dann am Wegrand erschöpft
sitzen würden sehen. Also muss man in einem durchstarten
oder man nimmt doch ein normales Fahrrad oder geht zu
Fuß.

Dafür ist der Weg abwärts umso lässiger und fast berau-
schend. Das weiß sicher jeder, der mit irgendeinem Rad
heraufgefahren ist und sich dabei schon auf den Rückweg
gefreut hat. Auch eine Wanderung von Oberinn aus über
eine Wegkreuzung ein gutes Stück oberhalb von Pemmern
lohnt sich. Hier trifft man durch Wald und über Almweiden
gehend niemand außer ein oder zwei Einheimische, die gerade ihre Wiese mähen und mit denen man ein paar Worte
wechseln kann. So befindet man sich wieder einmal mitten
in der Zivilisation und doch weit entfernt von ihrem Ge-
flimmer und ihren Getratsche. Schon der Südtiroler kernige
und aus der tieferen Kehle kommende Dialekt kann den

‚inner touch', das Selbstgefühl, das Könästhetische beför-
dern.

Ich habe anfänglich schon auf den Philosophen D. Heller-
Roazen hingewiesen, der die von einem ursprünglichen
‚Gemeinsinn' abgeleitete innere Selbsterspürung beschreibt, die wissenschaftlich auch Könästhesie (inneres
Wahrnehmendes) genannt wird.[72] Um es poetisch übertrieben und überspitzt zu sagen: Bin ich nicht selbst Wiese,
Vogelstimme, Lispeln der Blätter, Duft des Waldes? Nein,
so einfach geht es nicht. Um Natur zu sein, muss man es
vielleicht so schreiben, wie es einer meiner psychisch kranken Patienten einmal getan hat:

„Und die langen Sommer, die Heuwagensommer, wo es
noch Faszinationen des Geschmacks und der Gerüche gab
und Mit-Tiere und Mit-Dinge und Mit-Mirs und Mit-Dirs,
‚Mits' ganz einfach? Tautropfen-Gras und Wölbe-Wolken,

[72] Heller-Roazen, D., Der innere Sinn, Archäologie eines Gefühls, Fischer (2012).

Perl-Wasser-Betten im nahen Bach, ein Schnitzmesser, ein Baumstumpf! Meine Mit-Dinge, die mit in meine Träume gingen, die zu mir sprachen, die zu mir gehörten. Meine Mit-Katzen, die Mit-Langbein-Spinnen, die Gefieder-Vögel und die mit-metallenen Käfer! Alles Mits, Blatt-Mits, Fuß-Mits, Mit-Mits. Meine Mits-Menschen dagegen, Mit-Mäschigen, Mittel-Mässigen, -essigen, Lästig- Mätschigen, wer waren sie? Wo waren sie Mit?"[73]

Ich muss nunmehr jedoch meine Äußerungen über das ‚trialogische Ziel‘ des ‚dreiteilig einigen Menschen‘ ernsthafter abschließen. Zwar ist dieses ‚trialogische‘ Einheits-Ziel offensichtlich schwer zu erreichen, doch zum Schluss will ich zu dem erstaunlichen Phänomen der zwei Phasen des Sterbens, wie schon zweimal angekündigt, Stellung nehmen. Seit jeher existiert ein Streit darüber, ob es ein Leben nach dem Tod gibt oder eher nicht. Doch neuere neurowissenschaftliche Untersuchungen könnten diesen Streit in einer Weise lösen, die beiden Auffassungen ein bisschen gerecht wird und auch etwas mit dem Wesen der Liebe zu tun hat.

Ich spreche diesbezüglich von einem Leben i m Sterben oder gar vom Leben i m Tod, also von einem Zustand, der von außen betrachtet als Lebensende gesehen wird und mit Elektroenzephalographie, funktioneller Magnetresonanztechnik und anderer wissenschaftlicher Methoden präzise festgestellt werden kann. Aber von innen her sieht dieser Tod ganz anders aus. Das behaupten nicht nur viele

[73] Hummel, v., G., Das Gerade und das Gekrümmte, die Behandlung einer ‚Psychose‘, BoD (2012) S. 25, Text etwas gekürzt.

Mystiker oder Mythenerzähler, ich will auch Neurowissenschaftler zitieren und psychoanalytische Argumente anführen, wie im Übergang vom Leben zu einem allerletztlichen Tod noch andere, derart regressive Vorgänge Bedeutung im Sterbevorgang haben. Denn so gesagt lässt sich das Sterben nicht nur erlernen, wie man oft von Esoterikern hören kann, sondern schon lange vorher seine psychische Struktur erfahren, wozu eben auch eine Liebe ganz anderer Art notwendig ist.

In der Karwoche 2019 veröffentlichte der Neurowissenschaftler Nedan Sestan in der renommierten Fachzeitschrift *Nature* einen Artikel, worin er beschrieb, wie Gehirnzellen bei Tieren Stunden nach deren Tod und damit ohne Sauerstoff noch neurologische Lebenszeichen von sich gaben. Die Forscher stellten klar, dass das Gehirn nicht mehr durchblutet war, sondern das Gefäßsystem nur mit einer inerten, also reaktionslosen, still stehenden Flüssigkeit gefüllt war. „Die Forscher konnten an Geweben des Gehirns zeigen, dass dessen Neuronen nach entsprechender Stimulation elektrische Signale austauschten. Der Sterben der Gehirnzellen nach Sauerstoffmangel sei offenbar ein schrittweise Prozess".[74] Es ist also nicht nur ein Gehirnstoffwechsel vorhanden, sondern es existiert ein Informationsaustausch im neuronalen Netzwerk des Gehirns.[75] Dies hat freilich nichts mehr mit dem Lebensbegriff zu tun, wie wir ihn üblicherweise für unser Dasein verwenden. Aber

---

[74] Albrecht, J., Brendler, M., Bericht in der FAS vom 21. 4. 2019. S. 53

[75] Man hat immer schon von Sterbestadien gesprochen, aber ein wissenschaftlicher Beweis ist mehr wert als der Mythos.

irgendetwas ist noch da und verdient durchaus den Begriff Leben, wenn auch in ganz anderer Art.

Dies lässt sich schon allein daran sehen, wie und was in der Diskussion über diese neurowissenschaftliche Studie von N. Sestan in Nature weiterhin ausgesagt wurde. Zum einen, dass diese Neuronen Signale bis zu sechs Stunden nach dem Tod und damit ohne Sauerstoffversorgung nachgewiesen werden konnten. Zum anderen wurde argumentiert, dass in dieser Zeit nach dem Tod trotz der andauernden Reaktionszeichen mit keiner Art von Reanimation wieder wirkliches Leben, also Gehirntätigkeit mit „höheren Funktionen" zu erwarten sei. Das Leben sei damit so oder so beendet und damit sei die Studie nicht sehr interessant, behauptete einer der Studienkommentatoren. Aber was heißt hier wirklich beendet und was heißt zudem „höhere Hirnfunktionen"?

Wie an den Begriffen Regression, seelisch Rückkehr, Involution zu frühkindlichen Erfahrungsstadien erwähnt, sind solche Zustände in Psychologie und Neurologie und speziell in der Psychoanalyse als für gewisse Erholungs- und Wiederherstellungsvorgänge bekannt, notwendig und viel wichtiger, als die voll bewusste geistige Verfassung. Man spricht dann zwar nicht von ‚tieferen Hirnfunktionen', sondern von elementareren, ursprünglicheren Hirnfunktionen oder – wie Freud es tat – vom Unbewussten oder gar „Urverdrängtem", also einem Zustand psychoanalytischer Notwendigkeit, mit der dann die weniger verdrängten Bereiche erklärt werden können. Gerade diese elementareren Zustände sind für das Leben im ursprünglichen Sinne, im Unbewussten und neurologisch zentraleren Hirnregionen bedeutsam und wichtig. Vor allem der Neurologe A. R.

Lurija hat einen Zusammenhang von Gehirn und Unbewussten schon vor Jahrzehnten begründet, der das
Freud'sche ‚*Es*‘, also das Reservoir der Triebkräfte mit
Mittel- und Zwischenhirnregionen in Beziehung setzte. Es
geht also nicht um das Großhirn und seine sogenannt „höheren Hirnfunktionen", die wesentlich für die Basis des
Seelischen sind, sondern eben um die elementareren Ebenen und Funktionen.

Das Ich, Ichideal und Überich, das planende und alles über-
denkende Frontalgehirn, genauso wie die isolierte *Wort*-
und *Erscheinungs*-Verarbeitung (im Temporal- und im
Hinterlappen) stören das Grundseelische nur, das jedoch im
Traum, aber auch in Meditation, bei bestimmten religiösen
Erfahrungen, in der Psychoanalyse und vor allem auch im
Sterbevorgang zum Zug kommt. Ganz besonders aber ist
dieser Aspekt wichtig, wenn es um das Leben i m Sterben
geht, dass ich wie erwähnt am liebten sogar als das Leben
i m Tod (im Gegensatz zu einem n a c h dem Tod) bezeichnen würde. Für eine mögliche Reanimation und Rückkehr
zu sogenannten „höheren Hirnfunktionen" (mit denen ja
zudem oft die schrecklichsten Dinge getan werden) spielt
diese Art des Lebens demnach natürlich keine Rolle mehr.
Dies ist auch nicht notwendig, ja vielleicht sogar Voraus-
setzung dafür, dass dieses Leben ganz anderer Art noch
stattfindet.

Für das Leben in der von der Psychoanalyse her erfassten
Regression ist diese noch stundenlang andauernde Phase
neuro-psychischer Vorgänge, wie Sestan sie erforscht hat
also umso bedeutender. Im Volksmund hat es immer schon
geheißen, dass in den letzten Momenten des Weggehens,
Wegdriftens, das ganze Leben nochmals wie in einem Film

vor einem abläuft, doch ich glaube nicht, dass es sich so verhält und es auch nichts bringt, denn es vermittelt ja keine Lösung. Eher erscheint glaubhaft, was mir oft Angehörige meiner Patienten berichteten, dass sich die Gesichtszüge des Verstorbenen noch lange nach dem sogenannten Todeszeitpunkt verändert hätten. Sie hätten meistens entspannte oder anderes charakteristische Formen angenommen. Es hat sich nach dem Tod und vor dem endgültigen Ende eben noch etwas getan.

Zwischen dem Leben mit „höheren Hirnfunktionen" und dem endgültigen Tod besteht also offensichtlich ein vielleicht ganz ausgedehntes Zwischenreich. So könnte man auch sagen, dass man das Leben überlisten muss, selbst im Tod (oder zumindest im Sterben) noch etwas zu überdauern. Denn was wir brauchen ist ein Subjekt ‚ohne Kopf', wie Lacan sagt, also ohne Kopflastigkeit wie es die „höheren Hirnleistungen" darstellen.[76] Das unbewusste Wahrheitswissen drängt nach außen, aber direkt (vom Irrationalen zum Rationalen wie in der psychoanalytischen Sitzung) kann das Unbewusste solch eine Bewusstwerdung im Sterbezustand nicht mehr leisten. Dafür aber findet die Seele in diesem .Zustand die perfekte Verschränkung von innen und außen, d. h. sie nimmt diesen Unterschied nicht mehr für wichtig und kreiert noch die wesentlichsten Kombinationen dieser beiden Grundelemente des Seelischen, die ich das *Erscheinungs-* und das *Wort-Wirkende* nenne (Lacan spricht vom imaginären und symbolischen Signifikanten).

---

[76] Lacan, J., Seminaire XI, Seuil (1964) S. 165

Dies ist auch der Grund, warum ich von den Schritten gesprochen habe, mit denen man das Sterben schon vor dem
allerletzten Tod erlernen kann, also bereits ähnliche Erfahrungen mit Regression, seelischer Zurückziehung und Ver-
arbeitung primärer psychischer Strukturen gemacht hat.
Denn es ist wohl möglich durch ein intensives meditatives,
psychoanalytisches, ein irgendwie erneuertes selbstsubli-
mierendes Training oder sonst etwas Ähnliches, ein Sterben im Leben zu erstreben, nachzuahmen oder nachzubil-
den, also so authentisch wie möglich zu konstruieren, um
davon für das eigentliche Leben zu profitieren. Denn nur
so macht es einen Sinn, die Frage nach dem Leben i m Tod
(oder vielleicht doch besser: im Sterben), wie sie unter anderem von dem Artikel in der Zeitschrift *Nature* aufgegrif-
fen wurde, neu zu beantworten. Verständlich wird alles
auch durch die von der Psychoanalyse beschriebene Form
des Verschmelzungs-Phantasmas oder anderer frühester
seelischer Phantasmen, wie sie um die Geburt herum und
danach vom Kind gebildet werden und sich weit ins Er-
wachsenendasein auswirken.

Die Verschmelzungs-Sehnsucht bzw. das entsprechende
Phantasma, das wohl mit der Trennung von der Mutter oder
der Plazenta, zu tun hat, wird im üblichen Leben nie befriedigt oder zu Genüge erreicht. Es handelt sich jedoch um
einen ganz frühen, der Freud'schen Ur-Verdrängung entsprechenden seelischen Komplex. In der Phase dieses Lebens i m Sterben wird dieses Phantasma aber offensichtlich
möglich und rudimentär erfahrbar oder regressiv erfüllend
abgeschlossen. All dies erklärt auch, warum im religiösen
Bereich und auch anderswo vorerst noch von einem Leben
n a c h dem Tod gesprochen wird. Denn man kann sich

nicht vorstellen, dass das Leben mit einen sinnvollen und erlösenden Vorgang beendet werden könnte. Und so läge also sowohl von der Psychoanalyse her wie auch vom religiösen, spirituellen Verständnis aus gesehen eine plausible Lösung des Problems vor, wenn man sich auf diese spezielle Phase des Daseins konzentrieren würde, die bisher so – als definitives Zwischenreich – noch nicht wissenschaftlich bewiesen worden ist.

Was hat all dies nun mit der Liebe zu tun? Ich führe dazu die Sage von Orpheus und Eurydike an, wo die Liebe bis ins Totenreich reichte, auch wenn die beiden sich liebenden Protagonisten, Orpheus und Eurydike, dann doch nicht weiter in Liebe verbunden bleiben konnten. Bekanntlich setzte Orpheus seine ‚höheren Hirnfunktionen' ein, nämlich die Rückversicherung, den logischen Rückblick, dass seine Frau ihm wirklich ins Leben folgen würde, und damit funktioniert – wie die Neurowissenschaftler richtig sagen – das Ganze nicht, nicht mehr. Die Sage spielt aber genau in solch einem Zwischenreich, in dem Lebende hinein und Tote wieder herauskommen könnten. War die Liebe nicht stark genug? Im Tibetanischen Totenbuch geht es ebenfalls auch um dieses Zwischenreich, hier jedoch um die Zeit zwischen Tod und Wiedergeburt.[77] Und es handelt sich um die Liebe zu bestimmten Göttern und nicht um eine unter den Menschen.

Doch egal, dies sind alles nur Mythen und mystische Schilderungen so wie es sich auch mit dem Märchen des schwedischen Dichters H. C. Andersen ‚Das Mädchen mit den Schwefelhölzern' verhielt. Das Kind sollte im tiefsten

---

[77] Hauf, M., Das Tibetanische Totenbuch, Piper (2003)

Winter schwefelhaltige Streichhölzer verkaufen, sie war schon extrem verfroren, als sie sich zum Wärmen, aber auch um Helligkeitsphantasien, heimische Visionen zu haben, ein Hölzchen nach dem anderen an einer Wand abstreichte und zündete. So schön war es, mit Hilfe dieser Flamme in die warme Stube zu Hause zu sehen und in der Halluzination die geliebte Großmutter zu treffen! Schon völlig erfroren wurde es plötzlich ganz warm in ihr, da war sie schon tot, und doch erlebte sie noch die Verschmelzung mit der geliebten alten Frau, die sie auf den Arm nahm, sie mit sich wegtrug, weg und weiter in die Wärme . . . Es mag ein Märchen sein, aber es ist typisch, dass in diesem Zwischenreich von gestorben und enggültig tot sein, sich die Zeichen umkehren, das Leben aufflammt, und eine unsagbare Weisheit zu Tage tritt.

Man kann dies manchmal auch an sogenannten Nahtoderlebnissen sehen, in denen man sich selbst wie von außen her daliegen sieht und sich für tot hält. Ich gehe jetzt darauf nicht weiter ein, ich muss dieses Zwischenreich leider nüchterner darstellen. In dem Fall, den ich hier wissenschaftlich vermitteln will, geht es in differenzierterer Weise als es schon die Psychoanalytikerin M. Mitscherlich beschrieben hat, letztlich um die Liebe zu sich selbst, zu sich exakt wieder in Form dieses *Anderen*, der nicht die geliebte Großmutter sein wird und vielleicht auch nicht sein soll. Er wird eher alle diejenigen sein, die im Leben dazugehört haben, alle zusammen. Alle und alles, mit denen eine Verschmelzung unbewusst (!) nahe war. Mit dem Titel ‚Eine Liebe zu sich selbst, die glücklich macht‘, meinte auch Mitscherlich all die in ihrer Arbeit mit den Patienten wirkende

Nachhaltigkeit, Verbundenheit und doch weitgehende Losgelöstheit.[78]

Besser hätte sie vielleicht von einer Liebe zu sich selbst als *Anderem* geschrieben, denn es handelt sich ja nicht um Narzissmus oder etwas Egomanisches, sondern eben genau um den *Pass-Wort*-Geber im Unbewussten, der wohl auch dem kleinen Mädchen mit den Schwefelhölzern zugeraunt hatte: zünde noch eins an und noch eins und dann nochmal eins . . . Dieser *Andere* ist nicht eingebildet oder nur imaginär, wie es auch der bekannte Philosoph und Literaturkritiker R. Barthes in seinem Buch ‚Fragmente eine Sprache der Liebe' beschrieb, denn der *Andere* hat mehr als am Imaginären, auch am Symbolischen und Realen teil.[79] Und die Liebe zu ihm und von ihm zurück ist Bestandteil jeder Psychoanalyse, indem sie dort losgelöst von der Sexualität, aber nicht losgelöst von der Libido wirkt. Damit dies aber auch in dem genannten Zwischenreich wirkt, muss man mehr als eine Psychoanalyse machen.

---

[78] Mitscherlich, M., Eine Liebe zu sich selbst, die glücklich macht, S. Fischer (2013)
[79] Barthes, R., Fragmente einer Sprache der Liebe, Suhrkamp (2015) Lacan bemerkte dazu, Barthes habe nur einem allgemeinen, romantisierten, weiblichen Liebesdiskurs gehuldigt, dem Ernsthaftigkeit fehlt.

21. Schafberg

Der Schafberg begrenzt südlich den Mondsee im Salzkam-
mergut, wo ich als Kind aufgewachsen bin. Von unserem
Haus im Ort Mondsee konnten wir ihn täglich sehen, seinen
Schafskopf und den Rücken in liegender Stellung. Als
kleine Kinder dachten wir uns immer wieder, dass er eines
Tages als Schaf sich erheben und weglaufen könnte. Aber
er lief nie weg und wir kamen auch nie hin, nicht einmal an
die Süd-Ost-Spitze des Sees. Noch im Krieg und kurz danach erwog niemand einen Ausflug oder eine Wanderung
in die Umgebung zu machen, schon gar nicht weiter weg
oder auf einen Berg. So blieb der Schafberg als mächtiger
Wächter des Sees für uns lange Zeit ein großes Geheimnis.

Erst viel später mit den eigenen Kindern gelang es mir, ihn
zu besteigen. Man fuhr von St. Wolfgang mit der Zahnrad-
bahn ziemlich weit hinauf und ging dann zu Fuß weiter. Ich
habe von der hemmenden Wirkung der Kinder beim Bergsteigen schon gesprochen, und so war es auch hier. Ich
konnte den so lange ersehnten Gipfel nicht erklimmen, die
Kinder motzten und jammerten schon nach ein paar hundert Metern und so musste ich unverrichteter Dinge kurz
vor dem Gipfel des Schafkopfes wieder umkehren. Wahr-
lich kein Besinnungs- und Entspannungs-Erlebnis. Immerhin ist der Blick auf den See hinunter und in die weite Umgebung sehr eindrucksvoll. Auch der Atter- und Wolfgang-
See ist zu erblicken.

Viel interessanter war für uns Kinder aber die mehr seit-
lich-südlich am See gelegene Drachenwand. Diese Felswand besitzt oben ein mehrere Meter weites Loch (in der

Abbildung kleines Bild rechts). Den Erzählungen nach, die wir von allen Seiten immer wieder hörten und was die Authentizität stark erhöhte, soll der Teufel im wild-rasanten Flug durch die Felswand gebrochen sein und das Bruchstück wütend in den See geschleudert haben, wo man eine kleine Spitze davon noch immer aus dem Wasser ragend sehen konnte. Mit solch leichten Erschütterungen fing demnach das Seelenleben bei mir an. Es gab den majestätischen Schafberg und die unheimliche Drachenwand (Abb. rechts) nebeneinander. Schöne, starke, schaudernde, betörende, wilde, erstaunend-erschreckende und jubilatorische Erfahrungen sind eine gute Basis für spätere Meditationsübungen. Man muss auf etwas aufbauen können, was später in differenzierterer Form reifen kann.

Noch heute gibt es zahlreiche Esoteriker, die dieser Stelle in der Drachenwand magische Kräfte zusprechen. Auch wenn sie nicht mehr den Teufel dafür verantwortlich machen, so doch ganz besondere Naturkräfte und -ereignisse, die damit mythisch-meditativen Charakter haben. Ich kann mich dem nicht anschließen. Wie ich schon erläutert habe, gibt es keinen Blick, der mich über das Tableau des *Anderen* so weit hinaushebt, dass ich deswegen, wegen dieser Heraushebung, mit Ihm sprechen kann. Doch nur das eigene, zusätzliche *Wort-Wirkende* kann den Sinn des Ganzen erfüllen, einen Teil des ‚Trialogs‘ zu führen, ein erhellendes und enthüllendes Gespräch, ein wirkliches ‚Sagen‘ mit diesem wunderbaren Gemälde der Natur oder in mir selbst (*Pass-*, Identitäts-Wort). Die ‚magischen Kraftorte‘ fangen nicht selber zu diskutieren an. Es gibt sie, sowie es auch die Engel gibt, aber sie haben alle keine Botschaft für uns. Die kommt erst mit dem *Pass-Wort* und seiner Deutung zustande.

Der Blick von den nördlichen Höhen her auf die beiden Berge und den See ist zweifellos meditativer, auch wenn ich mich gerne an die spannenden Geschichten vom Teufelsflug erinnere. Als Kind lebt man noch viel mehr in der ‚Wahrnehmungsidentität‘ und nicht in der ‚Denkidentität‘ wie ich sie eingangs Freud folgend unterschied. Die Maske, die sich die Mutter vors Gesicht hält, versetzt es in Panik. Wenn ein geliebter Gegenstand plötzlich versteckt wird, bricht das Kind in Tränen aus. Wie gut, dass wir als Erwachsene dies nicht mehr tun müssen, aber ein gelegentliches Trauern, ein ‚inneres Weinen‘, wie es manche nennen, würde uns nicht schaden. Das Zulassen von ‚inneren‘ und somit nicht sichtbaren Tränen konzentriert das Körperbild und zieht es wieder in dem Schnittpunkt der Achsen zusammen. Die orientalischen Klageweiber beherrschen diese Körpermethodik gut, sie sind keine hysterischen, lamentierenden Frauen. Sie lassen einfach echt einer Erleichterung Lauf, die nicht nur wegen einer zu betrauernden

Person, sondern auch wegen des traurigen Schicksals der eigenen, aber auch der gesamten Welt begründet ist. Auch Tränen gehören zur ‚genießenden Substanz‘, zur ‚jouissance‘.

Man kann nicht meditieren, ohne nicht auch die Welt um sich mit einzuschließen, und die ist meist in einem schlechten Zustand. Eine kurze melancholische Verfasstheit ist oft hilfreich, man reagiert sich ab. Auch so etwas darf also manchmal in der Meditation nicht fehlen. Bei der ‚jouissance feminine‘ habe ich diesen Bezug eines Gefühls, das durchaus Genießen ist und doch auch Schmerz einschließt, beschrieben. Vielleicht könnte man es als eine Art von Wehmut oder Hingabe bezeichnen, die dem *Anderen* im eigenen Inneren gilt, dem Fremden, aber auch dem ‚Es-Du‘ in einem selbst, der gegenbesetzten eigenen *Andersheit* im Unbewussten. Zur Entwicklung der vollen Persönlichkeit – schreibt der Soziologe T. Lipowatz – braucht es Individuierung und Liebe zur Transzendenz, beides ist notwendig. [80]

Lipowatz warnt davor, „das Handeln des Menschen in sogenannten Geschichtsprozessen aufgehen zu lassen, d. h. also in Historiker- oder Sozial-Analysen. Er beschreibt die Existenz einer ‚Angst vor der Individuierung‘, der Angst vor einem tiefen, inneren Mangel, den man einerseits nur durch einen komplexen Individuierungs-Vorgang mittels Selbstüberwindung oder Meditation beseitigen kann. Andererseits ist aber auch eine Liebe zum scheinbar transzendent *Anderen* notwendig. Ich habe schon bei der Diskus-

---

[80] Lipowatz, T., Die Verleugnung des Politischen, Quadriga (1986).

sion um die Liebe als Erkenntniskategorie und bei der der ‚Liebe unterstellten Wissenschaft‘ auf diese Hingabe ans Unbewusste, an den/das *Andere* in einem selbst, hingewiesen. Diese(s)(r) *Andere* kann der Frühmensch genauso sein wie das Kind, wie das Faszinosum des anderen Geschlechts, das ‚Es-Du‘ oder wie der in der Meditation stattfindende ‚Trialog‘.

Es kann auch etwas Körperbezogenes sein, etwas auf die Neuro-Psyche Bezogenes, es besteht nur die Frage, wie man sich das vorstellen soll, ohne den wirklichen Körper, ohne das Gehirn, und doch ‚realisiert‘ als das Lacansche oder Rossetsche ‚Reale‘. Als das wirkliche Charisma, das ohne eigenes Machen, ohne eigenes Manipulieren, zustande kommt, hochsteigt oder herabsinkt, in Tränen, in Freude sich entfaltet. Man muss warten bis sich in der Meditation die Wahrnehmung eines Bereichs des eigenen Körperbildes einstellt oder das Leben i m Sterben zum Zug kommt. Dabei wird der anatomische Körper gefühllos, taub, so dass sich die Aufmerksamkeit wie beim Schlaf umstülpen, nach innen wenden kann. Blick und Gehör drehen sich so herum, dass sie in den Konkavspiegel des Großhirns ‚sehen‘ oder sich an die Konnex / Kontext - Bezüge, die auch mit Wölbungen der Wortzentren im Temporallappens zu tun haben, richten und dem dortigen Gesumme, Gemurmel etwas ‚ablauschen‘ oder innerlich ‚sehen‘.

Noch ein letztes Beispiel zum Wesen der *Pass- und Formel-Worte*. „Es war Verrr-Rat" dachte eine meiner Patientinnen, nachdem sie nur kurz mit dem *Formel-Wort* ENS-CIS-NOM und zwei weiteren derartigen *Formel-Worten*

geübt hatte, von denen das eine VE-RO-RA-TE hieß.[81] Die Betonung des ‚r' war ihr deutlich aufgefallen, aber auch die Tatsache, dass dieses *Pass-Wort* wohl durch das ähnlich klingende *Formel-Wort* (VE-RO-RA-TE) ausgelöst worden ist, erschien ihr sehr plausibel. Damit zeigt sich von beiden Seiten her die Macht der symbolischen Ordnung im Unbewussten. Die B(r)uchstaben des VE-R und des RA-T, die stark vom ‚Kristallinen' her bestimmt sind, aber auch klar Worthaftes, Symbolisches enthalten, mögen noch metonymisch nachgewirkt haben, als sie im nächsten Moment eines noch etwas weiter in die Tiefe geratenden Meditierens zu „Verrr-Rat" wurden, also einem nun ‚linguistisch' stärkerem, metaphorischem Ausdruck gelangten.

Doch nicht nur diese rein formale Klarheit und Konkretheit war interessant, auch die Bedeutung des ‚Verrats' hatte einen wichtigen Hintergrund. Ihr Ehemann hatte sie verraten, d. h. betrogen, was sie schon geahnt hatte, aber in diesem Moment wurde es ihr zur Gewissheit. So gestärkt konnte sie ihren Mann definitiv zur Rede stellen, und er gab

[81] Dieses *Formel-Wort* habe ich in einem anderen Buch veröffentlicht, es beinhaltet: vero rate (durch das Wahre ist es sicher), V ero rate (als fünf werde ich gültig sein), r at evero (als R aber ich werde vergangen sein), rorate ve (tropft durch Gewalt!), vero rate (wirklich durch das Schiff), or at e ver (brenne jedoch seit Jugend). Noch zahlreiche weitere Bedeutungen stecken darin, die alle letztlich unwichtig und auch oft unsinnig sind, wenn man nunmehr die Formulierung stets nur von einer anderen Stelle aus liest.

verblüfft zu, was sie vermutet hatte. Es kommt nicht selten vor, dass jemand etwas ahnt und doch jahrelang die Wahrheit nicht wissen will. Aber gestärkt durch solch ein aufrüttelndes Wort ändert sich die Lage.

Mehr kann ich nach all den Kapiteln zum Wesen des ‚Trialogs' nicht beitragen. Den letzten Schritt muss eben jeder selber tun, auch wenn wir es zunehmend gewohnt sind, dass es immer irgendwo Spezialisten gibt, die alles wissen. Die Welt dreht sich so schnell. In ihrem Buch ‚sie wissen alles' zeigt die Autorin Y. Hofstetter jedoch, wie gerade das Vertrauen auf Digitalisierung und Computertechnik zu Katastrophen geführt hat (z. B. zum Abschuss eines Passagierflugzeuges der Iran-Air 1988). Und in J. Ronsons Buch ‚So You've Been Publicly Shamed' steht die Geschichte einer Frau, die durch eine ironische Bemerkung auf Twitter einen Shitstorm auslöste, der ihr Leben ruinierte. Zwei Beispiele modernen Albträume, die zukünftig zum Alltag werden. Was früher Unterdrückung und existenzielle Not war wird jetzt zum Irrsinn. Grauenhaftes wird es also immer geben, weshalb Meditation so nötig ist.

Anhang

Das von mit entwickelte Verfahren der *Analytischen Psychokatharsis* habe in zahlreichen Büchern, Vorträgen und Internetartikeln veröffentlicht. Man kann das Verfahren für sich alleine anwenden, der Besuch einer Einführungsveranstaltung ist nicht unbedingt erforderlich. Wenn man es intellektuell verstanden und die Praxis wie hier – nochmals zusammenfassend beschrieben – gelesen hat, kann man auch direkt damit beginnen. Wie erwähnt sitzt man in bequemer Haltung und wiederholt rein gedanklich (evtl. bei geschlossenen oder halbgeschlossenen Augen) drei oder vier der *Formel-Worte* monoton hintereinander (nach dem letzten fängt man vorne wieder an).[82]

Es entwickelt sich eine kathartische Erfahrung, z. B. ein ,Durchrieseln' im Körperbild oder eine Helligkeitswahrnehmung desselben, kurz: ein ,*Es Strahlt'*, ein ,Strahltpunkt' – so Lacan – direkt vor einem, siehe das Schema das den Übenden als Auge oben links zeigt, die versteckte Vase

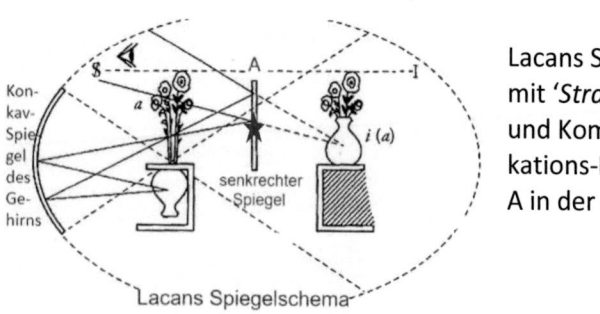

Lacans Schema mit '*Strahlt*'- und Kommunikations-Punkt A in der Mitte

---

[82] Mehrere *Formel-Worte* sind auf der genannten Webseite oder in den Broschüren ,Die körperlich kranke Seele' und ,Psychoanalyse / Meditation' beschrieben.

links *als* das Unbewusste darstellt und das A in der Mitte den *Andren* repräsentiert. Letztlich nimmt man sich als Ganzes nur auf der rechten Seite wahr, wenn alle Spiegelungen und Signifikanten in den Vorgang des enthüllenden Erkennens einbezogen sind.

Nach etwa zwanzig Minuten – vor allem aber, wenn sich eine kathartische, befreiende Erfahrung eingestellt hat – beginnt man mit der zweiten Übung, indem man in sich nach innen oben bzw. rechts im Kopf konzentriert, in sich hineinhört und lauscht, bis sich ein ‚Laut‘, etwas ‚Verlautendes‘, ein ‚Es Spricht‘ ereignet, das im Grunde genommen eigene, unbewussten Gedanken enthält, die wie aus der Tiefe oder von Ferne her zu kommen scheinen. Dieses rechtsseitige Gedanken hören hat etwas mit dem mehr prosodischen Sprachzentrum zu tun, das auch am *Erscheinungs-Wirkenden* teilhat. Die dann *Pass-Worte* genannten Ereignisse stellen dann den mehr analytischen Teil des Verfahrens dar, denn sie lassen sich als *Wort-Wirkendes*, als Antworten aus dem Unbewussten meist leicht deuten.

Ein intellektuelles Verständnis des Verfahrens ist zudem wichtig, weil der wissenschaftliche Aufbau es erfordert, dieser aber auch beim praktischen Üben Halt und Sicherheit gibt. Andere Methoden greifen auf mythisch-mystische Grundlagen zurück und so muss man sich entweder an die Persönlichkeit des Lehrers klammern oder sich dem theoretischen Hintergrund beugen, der aus religiös-konfessionellen oder rein imaginierten Vorstellungen stammt. Sicher stellen die *Pass-Worte*, die letztlich am meisten zum ‚Trialog‘ beitragen, keine ganz einfach handzuhabende Methode dar. Sie müssen von der Ratio nach nachbearbeitet werden. Als ich dieses Buch zu Ende geschrieben hatte,

kam mir wieder so ein *Pass-Wort* zu: „Sie sagen immer nur
‚Sieben‘." Für mich war das sofort ein klarer Satz, der für
einen Außenstehenden wahrscheinlich Humbug ist. Ich
habe allerdings ein paar Personen befragt, was sie dazu assoziieren und davon denken.

Es kam doch meistens ein vergleichbares Ergebnis heraus
so wie es auch für mich in etwa stimmig war. Die ‚Sieben‘
gilt in mythischen Zusammenhängen, wie einige andere der
ersten ganzen Zahlen auch, als besondere Zahl. Da es bis
heute keine empirische Theorie der ersten ganzen Zahlen
gibt, ist es gut zu verstehen, dass die Drei, die Vier, die Sieben und die Zehn beispielsweise gewisse Sonderrollen ein-
genommen haben. Selbst Euklid hat aus diesem Grund gesagt, was heute in der Mengenlehre ebenso gültig ist, dass
man mit der ‚Vielheit‘ zu zählen anfangen muss. Selbst in
der exaktesten Wissenschaft, der der Mathematik, haben
wir also keinen absolut festen Boden unter den Füßen.

Aber letztlich hat es mit der Ziffer nur zur Hälfte zu tun.
Vielmehr bin ich damit selbst mit denjenigen gemeint, die
immer nur sagen: Es verhält sich so oder so, immer wird
nur das Gleiche gesagt: immer nur sagen sie ‚Sieben‘. Die
‚Sieben‘ als die niedrigste Generatorzahl, die sieben
Zwerge, die sieben Weltwunder, die sieben Tage des
Schöpfungsmythos und Wittgensteins siebenter Tag, der
Sonntag, als Tag des ‚Trialogs‘, haben hier für die Produktion meines *Pass-Wortes* wohl nur ein bisschen mitgespielt.
Auch noch etliche andere Bezüge sind mir eingefallen. Ich
sage in meinen Büchern immer das Gleiche, das ist der Fehler. Für mich war dies wichtig. Das ist der Sinn des Verfah-
rens. Kein anderer hätte mir das so sagen können. Ja, es

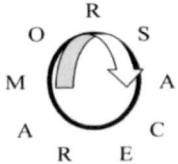

wäre wohl überhaupt niemand auf die Idee gekommen, mir so etwas in dieser Form zu sagen.

Hier ein weiteres *Formel-Wort*, so dass es insgesamt drei sind (Seite 108 und 208), die hier angeführt wurden. Im ORS-ACE-RAM stecken folgende Bedeutungen: C eram orsa (hundertfach war ich Beginnen), amo R sacer (ich liebe das heilige R), cera morsa (das zerstückelte Wachs), mors acer (der Tod ist bitter), amor sacer (die Liebe ist heilig) usw. Mit diesen drei *Formel-Worten* kann man gut anfangen, die *Analytische Psychokatharsis* zu üben. Au der hinten angegebenen Webseite sind noch weitere zu finden, mehr als fünf sollten es nicht sein. Wie gesagt muss man sich um die einzelnen Bedeutungen nicht kümmern, sie diesen nur dem wissenschaftlichen Aufbau.

Nochmals also: In bequemer Sitzhaltung werden vier bis fünf *Formel-Worte* rein gedanklich wiederholt, bis sich eine kathartisches Befreiungsempfinden einstellt (wenigstens aber 20-30 Minuten). Dann wird in einer zweiten Übung mittig oder rechts im Kopf auf den inneren Ton gehört, bis sich daraus ein *Pass-Wort* (ein Kurzsatz, eine Phrase) entwickelt. Wenn dieses Wort nicht gleich verstanden wird, muss man es nach dem im Text geschilderten und der Psychoanalyse entlehnten Kriterien interpretieren. Gelingt dies nicht oder erscheint es von vornherein unbedeutend, verwirft man es. Manche Anwender des Verfahrens belassen es bei der ersten Übung, ihnen genügt die Katharsis, die jedoch nur eine Zeit lang als positive Wirkung erhalten oder in Erinnerung bleibt. Um das eigene Unbewusste ganz zu verstehen, also die Wahrheit über sich selbst wissen zu können, ist die zweite Übung notwendig.

Webseite des Autors: analytic-psychocatharsis.com
Kontakt: g.vonhummel@web.de

Weitere Veröffentlichungen des Autors

Der leere Geist und die KI. Zwischen psychotherapeutischen Methoden und der künstlichen Intelligenz (KI) gibt es kaum Vergleichsmöglichkeiten. In der Psychoanalyse J. Lacans wird in der der rechnerische Intellekt der KI zwar gewürdigt, aber durch einen ,der Liebe unterstellten Intellekt' ersetzt wird, in dem der Einzelne wieder zum Zug kommt. Ein neues Verfahren führt in die Wissenschaft zur Seele des Einzelnen zurück und gibt ihr durch die KI doch neue Impulse.

Yoga und Psychoanalyse

Anhand der umfassenden Yogalehren Kirpal Singhs versucht der Autor einen Vergleich zwischen diesem meditativen System und der Praxis der Psychoanalyse zu ziehen. Das Ergebnis ist ein darüber hinausgehendes eigenes psychotherapeutisches Verfahren, das Ost und West, Theorie und Praxis gleichermaßen gerecht wird und aus diesem Buch heraus erlernt werden kann.

Wissenschaftlich begründet meditieren. Die klassische Methode der Analyse des Unbewussten stellt eine zu theoretische Form der Psychotherapie dar. Um in der Praxis mehr Erfolg zu haben, bedarf es eines direkteren selbstanalytischen Verfahrens, das jeder aus sich selbst heraus entwickeln kann. Formulierungen, die in einem einzigen Schriftzug mehrere Bedeutungen enthalten, können das Unbewusste je-des Einzelnen durch mentales Üben aufbrechen und zu sich selbst befreien.

Analytische Psychokatharsis Psychoanalytische Theorie und kathartische Meditation können nicht einfach ineinander überführt werden. Setzt man beide Verfahren aber durch ein entscheidendes Element (einen „liguistischen Kristall") in Beziehung, lässt sich ein eigenes neues Verfahren begründen. Die Psychoanalyse und die meditativen Methoden werden diskutiert, und die Praxis des eigenen Verfahrens wird ausführlich beschrieben.

Liste weiterer Werke des Autors im MCS-Verlag

Herz-Sprache, Eine Psychoanalyse des Herzens

Politik / Therapie, Begreifen, was man schon weiß - wie Politik therapeutisch zu denken wäre

Das autochthone Genießen, Essays zu einem neuen selbstanalytischen Verfahren

Zweimal den Tod überlisten, Ein Traktat zu Sisyphos

Siddharthas Wiederkehr, Ein wissenschaftlicher Roman – eine Anregung zur Selbstanalyse

teetrunken, Bergwandern, Meditieren, Wissenschaft betreiben – Essays von dreiteilig einigen Menschen

Nach Lacan, Über Physik, Psychoanalyse und die Metapher des Genießens – eine Selbstpraxis

interhot, Gespräche mit dem Unbewussten

Vater seiner Selbst, Die ‚logische Selbststruktur als erlernbar therapeutischer Weg, die eigene Identität zu finden

Das Gerade und das Gekrümmte, Die Behandlung einer Psychose

Die Mathematik des Eros, Die ‚perfektoiden Räume‘ des Unbewussten – eine Selbstpraxis

Psychoanalyse / Meditation, Eine Broschüre zu Theorie und Praxis der *Analytischen Psychokatharsis*

Platons Lieb-ido, Ein wissenschaftlicher Roman – eine Überredung zur Selbsttherapie